高力ボルト接合
設計施工ガイドブック

AIJ Design and Fabrication Guide for

High-Strength Bolted Connections

2016

日本建築学会

本書のご利用にあたって
　本書は，作成時点での最新の学術的知見をもとに，技術者の判断に資する技術の考え方や可能性を示したものであり，法令等の補完や根拠を示すものではありません．また，本書の数値は推奨値であり，それを満足しないことが直ちに建築物の安全性を脅かすものでもありません．ご利用に際しては，本書が最新版であることをご確認ください．本会は，本書に起因する損害に対しては一切の責任を有しません．

ご案内
　本書の著作権・出版権は(一社)日本建築学会にあります．本書より著書・論文等への引用・転載にあたっては必ず本会の許諾を得てください．
Ⓡ＜学術著作権協会委託出版物＞
　本書の無断複写は，著作権法上での例外を除き禁じられています．本書を複写される場合は，学術著作権協会（03-3475-5618）の許諾を受けてください．

一般社団法人　日本建築学会

改訂にあたって（第2版）

　本会では1973年に「高力ボルト接合設計施工指針」を刊行，以来2回の改訂を含め，高力ボルト接合の設計・施工に関わる先進的かつ実践的な情報提供してきた．鉄骨工事技術指針や2001年に刊行した鋼構造接合部設計指針にいったんはその役目を引き継いだが，高力ボルト接合に特化した内容，簡便な高力ボルト接合部設計法に対する配慮，設計と施工に関する諸情報を同時に見ることができる体裁を求める声が大きく，新しい知見を盛り込み，2003年に「高力ボルト接合部設計施工ガイドブック」と改称して刊行するに至った．本書はその第2版改訂であり，以下のような初版以降に改定された各種基規準に関する情報，ならびに新しい技術・知見について新たに掲載している．

1. JIS B 1186，JSS II 09，JASS 6，鉄骨工事技術指針の改定に伴う変更
2. 鋼構造接合部設計指針（2012年改定）で追加された超高力ボルト，接合部最大耐力に関する記述
3. 溶融亜鉛めっき高力ボルトに関する国土交通大臣による一般認定の改定で追加された摩擦面処理などに関する記述
4. その他，記述・計算例の見直しなど

　本ガイドブックが，鋼構造建築物の設計や施工に携わる方々に，高力ボルト接合の設計と施工両面にわたる実践的な情報を提供する媒体として役立つことを期待する．

2016年5月

日本建築学会

序（初版）

　鋼構造建築物における接合部は，建築物の性能を支配する重要な部位であり，適切な設計と施工がつねに求められる．本会においては，1973年に「高力ボルト接合設計施工指針」を刊行，以来2回の改定を含め，高力ボルト接合の設計・施工にかかわる先進的かつ実践的な情報提供に努めてきた．周知のように，1995年兵庫県南部地震において，鋼構造建築物も被害を免れえず，接合部も多種多様な損傷を被った．これら被害の教訓として，鋼構造建築物の接合部がもつ性能の再評価や，より高い性能を確保しうる設計・施工等にかかわる諸研究開発が活発に展開された．本会においても，これら研究開発成果を踏まえ，1996年に「鉄骨工事技術指針」を改定，また2001年には「鋼構造接合部設計指針」を新たに刊行した．「鋼構造接合部設計指針」は，高力ボルト接合とならぶ代表的接合形式である溶接接合も含めたもので，多様な鋼構造接合部設計を統一的に表現した内容となっている．また，この指針における高力ボルト接合の設計に関する記述は「高力ボルト接合設計施工指針」に負うところが多く，加えて最近10年間の新しい知見を盛り込んだ内容となっている．

　このように，高力ボルト接合の設計・施工に関する諸情報は，本会の「鋼構造接合部設計指針」や「鉄骨工事技術指針」に詳述されているが，一方で，高力ボルト接合に特化した内容，簡便な高力ボルト接合部設計法に対する配慮設計と施工にかかわる諸情報を同時に見ることができる体裁等に対する要望は根強い．このような事情に鑑み，本会は，これら要望に長年にわたって応えてきた「高力ボルト接合設計施工指針」の精神を受け継ぎ，加えて「鋼構造接合部設計指針」や「鉄骨工事技術指針」に含まれる新たな知見も一部取り入れて書名を「高力ボルト接合設計施工ガイドブック」と改称し刊行するものである．なお，本ガイドブックでは，「高力ボルト接合設計施工指針」からの継続性を意図して，記号等も同指針に準じることとし，また簡便な接合部設計法を念頭に置いた結果，一部「鋼構造接合部設計指針」と異なった体裁を有した設計式も含まれている．しかしながらその基本的な考え方において「鋼構造接合部設計指針」とは矛盾するものではなく，またその旨を，本ガイドブック関連各所において明記した．

　本ガイドブックが，鋼構造建築物の設計や施工に携わる方々に，高力ボルト接合の設計と施工両面にわたる実践的な情報を提供する媒体として役立つことを期待する．

2003年12月

日本建築学会

高力ボルト接合設計施工指針
改定にあたって
－1993年改定版－

　本指針は，建築鋼構造物の高力ボルト接合部に関する設計および施工の指針として1972年に制定されたもので，1983年に一度改定している．その後，本接合法に関する周辺状況もかなり変化してきているので，今回，従来の指針に加筆，修正を加えて再度改定版を刊行することとした．今回の改定版の主要な内容は以下のとおりである．

　1章は，高力ボルト自体の解説と各種接合部の基本性状について述べたものであり，多少の修正を加えたが，従来の指針の内容の大幅な変更はない．

　2章は，高力ボルト接合部の設計について述べたもので，特に終局状態時における設計に関して完全に書き直し，設計の基本的な考え方と関連する設計式について詳しく述べ，設計例を示した．この点に関しては，本会の「鋼構造限界状態設計規準（案）」との整合を図っているが，内容的には解説的なものも含まれている．

　3章では，高力ボルト接合部の施工上の要点について述べてある．内容的には，「建築工事標準仕様書 JASS 6 鉄骨工事」の最新版と整合がとれており，最新の情報も含まれている．

　4章は溶融亜鉛めっきを施した高力ボルトで溶融亜鉛めっきを施した鋼材を接合する溶融亜鉛めっき高力ボルト接合に関するものである．この接合法については通常の高力ボルト接合とは異なった様々な問題があり，現在でも普遍的な接合法とはなっていない．しかし，かなり広範囲で使用されるようになってきているので，今回新たな章を設けてボルト自体の問題を始めとして，その設計・施工上の主要な項目を記述した．

　なお，従来の指針で章を設けてあった高力ボルト支圧接合については，これまでほとんど使用された例はなく，今後ともその状況は変わらないと考えられるので，今回削除した．

　今回改定された本指針が鋼構造物の高力ボルト接合部の設計・施工に関連して各方面で活躍されている方々にとってさらに役立つものとなることを期待する．

　1993年3月

日本建築学会

高力ボルト接合設計施工指針
改定にあたって
―昭和58年改定版―

　本指針は鋼構造物の高力ボルト接合部に関する設計および施工の指針として1972年に制定され幅広く活用されてきたが，制定後すでに10年の年月を経ている．この間には高力ボルト接合に関する技術的蓄積も進み，また設計の基本となる建築基準法施工令が改正され，高力ボルトの日本工業規格（JIS B 1186）も改正されている．一方，施工面でも「鉄骨工事技術指針」の制定，本会制定の建築工事標準仕様書JASS6「鉄骨工事」の改定なども行われた．

　このような事情からここに本指針の内容を再検討して改訂版を刊行することとなった．改定の主要点は下記のとおりである．

　i）　3種（F11T）のボルトセットは遅れ破壊の可能性が否定できないため標準的な仕様対象から除外した．

　ii）　保有耐力接合の検討において必要となる接合部設計の基本方針と各種最大耐力を示した．

　iii）　施工面では高力ボルトの締付け方法としてナット回転法を標準的な方法として取り上げ，同時にトルクコントロール法による締付けおよび検査の手法を変更した．

　iv）　JIS規格品以外の直主高力ボルトの中でトルシア形高力ボルトだけは標準的な取り扱い方法を示すことにした．

　なお，今回の改訂作業は，材料施工委員会第5分科会の高力ボルト小委員会の協力のもとに，構造委員会鋼構造分科会の接合小委員会で行ったものであり，関係小委員会委員諸氏の努力に感謝したい．

　昭和58年7月

日本建築学会

高力ボルト接合設計施工指針
初版の序

　本会が，新しい接合法として高力ボルト摩擦接合の重要性に着目し，その設計ならびに施工に関する規準の作成を目標に，鋼構造分科会内に高張力鋼小委員会（主査：横山不学）を設けて作業を開始したのは昭和32年で，昭和39年には，JIS B 1186-1964「摩擦接合用高力六角ボルト・六角ナット・平座金のセット」が制定され，翌昭和40年9月には，学会規準「高力ボルト摩擦接合設計施工規準・同解説」が成案として公表された．この規準・同解説は，建築関係の構造技術者に大いに利用されている．

　一方，昭和41年7月に，熱間圧延鋼材の工業規格の大改定が行なわれ，高張力の新鋼種，H形鋼などが新たに制定されたのを機会に，昭和25年以来，長い間親しまれてきた「鋼構造計算規準」の大改定が行なわれ，昭和42年6月に新しい「鋼構造設計規準案」が発表され，昭和45年6月にはこれを成案として解説を付した「鋼構造設計規準」が公表されている．この新規準には，すでに独立に公表されていた鋼管構造・薄板鋼構造・高力ボルト摩擦接合などの各計算規準の内容が取り入れられているため，これらの各規準は，その時点で廃刊された形となっている．

　最近，鋼構造に用いられている接合のうち，従来，多用されていたリベット接合は，リベット工の絶対数の不足などによって現場接合としてはあまり使用できなくなり，このため高力ボルトは現場における接合の主流として多量に使用されるようになっている．また，H形鋼の普及とともに，Split Tee 接合・End Plate 接合のような，高力ボルトに引張力が作用する形式の接合部も，実際設計に取り入れられるようになってきたため，上記の新規準には，高力ボルト接合の摩擦に対する許容応力度だけでなく，引張りに対する許容応力度も規定されている．

　このような一般的な情勢に加えて，1967年，1970年に高力ボルトのJISの改正が行なわれ，それまで，ウイットねじであったものがメートルねじに切りかえられたことなど考慮し，高力ボルト接合の適用に誤りなきを期すため，ここに「高力ボルト接合設計施工指針」を刊行することとした．本書は，鋼構造分科会内に，昭和45年，新たに設けられた接合小委員会の，2年にわたる調査研究の末まとめられたものであって，その内容は，最近までに各方面で行なわれた研究の成果を盛り込んで，摩擦接合と引張接合を中心に詳細な記述をすると同時に，まだ規準化されていない支圧接合についても，設計上の参考と研究の促進のために現段階で解明されている一般的事項について言及した．

　いうまでもなく，高力ボルト接合は，力学的にきわめて優秀な性質を有している接合法であるが，それが十分発揮されるためには，摩擦面の処理，軸力の導入など十分な施工管理が行なわれなければならない．本書は，設計上の問題だけでなく，これと不可分の関係にある施工上の問題についても解説を加えである．

　なお，本書で使用した記号は原則として，鋼構造設計規準の記号を用いたが，一部に定義を変えたものがあるので，誤解のないように，あらためて記号一覧を付した．また，付録として，鋼構造設計規準の関連条文から高力ボルトに関する条文を抜粋して掲載したが，この条文の番号は原文のままとした．

　この解説が設計者・工事関係者のみならず，多くの方々に利用されることを希望するとともに，今後よりいっそうの充実をはかるために，ご意見を寄せられることを期待している．本書作成にあたられた接合小委員会委員諸君の努力に感謝申し上げたい．

　　昭和47年12月

　　　日本建築学会

ガイドブック作成関係委員

(五十音順・敬称略)

第2版改訂

構造本委員会

委員長　緑川光正
幹　事　加藤研一　　塩原　等　　竹脇　出
委　員　（省略）

鋼構造運営委員会

主　査　多田元英
幹　事　井戸田秀樹　　宇佐美　徹　　吹田啓一郎
委　員　五十嵐規矩夫　　一戸康生　　稲岡真也　　岡崎太一郎
　　　　岡本哲美　　越智健之　　笠井和彦　　兼光知己
　　　　河野昭彦　　木村祥裕　　向野聡彦　　澤本佳和
　　　　田川泰久　　竹内　徹　　田中　剛　　寺田岳彦
　　　　中込忠男　　成原弘之　　西山　功　　原田幸博
　　　　平島岳夫　　増田浩志　　緑川光正　　見波　進

鋼構造接合小委員会

主　査　増田浩志
幹　事　桑原　進
委　員　清成　心　　佐藤篤司　　軸丸久司　　吹田啓一郎
　　　　鈴木直幹　　田中　剛　　福田浩司　　藤田哲也
　　　　松本由香　　山田　哲

高力ボルト接合設計施工ガイドブック改訂ワーキンググループ

主　査　桑原　進
委　員　増田浩志　　佐藤篤司

ガイドブック作成関係委員

(五十音順・敬称略)
初版

構造本委員会

委員長　西川　孝夫
幹　事　大井　謙一　　久保　哲夫　　緑川　光正
委　員　（省略）

鋼構造運営委員会

主　査　小野　徹郎
幹　事　大井　謙一　　松尾　　彰
委　員　伊藤　茂樹　　岩田　　衛　　上谷　宏一　　小川　厚治
　　　　小河　利行　　木村　　衛　　桑村　　仁　　今野　和近
　　　　作本　好文　　多賀　謙蔵　　田川　泰久　　多田　元英
　　　　田渕　基嗣　　長尾　直治　　中込　忠男　　中島　正愛
　　　　深澤　　隆　　牧野　雄二　　緑川　光正　　矢部　喜堂
　　　　山内　泰之

鋼構造接合小委員会

主　査　中島　正愛
幹　事　寺田　岳彦
委　員　宇野　暢芳　　小川　厚治　　吹田　啓一郎　杉本　浩一
　　　　多賀　謙蔵　　田中　　剛　　田沼　吉伸　　中込　忠男
　　　　増田　浩志　　矢部　喜堂

高力ボルト接合設計施工ガイドブック編集ワーキンググループ

主　査　中島　正愛
委　員　宇野　暢芳　　吹田　啓一郎　田中　淳夫　　田中　　剛
　　　　中込　忠男　　橋本　篤秀　　増田　浩志

原稿執筆担当(初版)

1. 高力ボルト接合概説
   - 1.1 高力ボルト　　　　　　　　　　　　田中淳夫　脇山広三
   - 1.2 摩擦接合　　　　　　　　　　　　　　　　　　脇山広三
   - 1.3 引張接合　　　　　　　　　　　　　　　　　　田中淳夫
   - 1.4 支圧接合　　　　　　　　　　　　中島正愛　脇山広三
2. 設　　　計
   - 2.1 基本事項　　　　　　　　　　　　　　　　　　田中淳夫
   - 2.2 板要素の接合　　　　　　田中淳夫　宇野暢芳　吹田啓一郎
   - 2.3 併用継手　　　　　　　　　　　　　　　　　　田中淳夫
   - 2.4 軸組筋かい材の材端接合部　　　　　　　　　　田中淳夫
   - 2.5 梁継手および柱継手　　　田中淳夫　宇野暢芳　吹田啓一郎
   - 2.6 柱梁接合部　　　　　　　田中淳夫　宇野暢芳　吹田啓一郎
   - 2.7 鋼管フランジ継手　　　　　　　　　　　　　　井上一朗
   - 2.8 繰返し応力　　　　　　　　　　　　　　　　　田中淳夫
3. 施　　　工　　　　　　　　　橋本篤秀　田中　剛　増田浩志
4. 溶融亜鉛めっき高力ボルト接合　　　　　　　　　　橋本篤秀

改訂担当(第2版)

1. 高力ボルト接合概説　　　　　　　　　　佐藤篤司　増田浩志
2. 設　　　計　　　　　　　　　　　　　　佐藤篤司　増田浩志
3. 施　　　工　　　　　　　　　　　　　　桑原　進　増田浩志
4. 溶融亜鉛めっき高力ボルト接合　　　　　桑原　進　増田浩志
5. 超高力ボルト　　　　　　　　　　　　　　　　　　桑原　進

1993年改定版
高力ボルト接合設計施工指針作成関係委員
(五十音順・敬称略)

構造本委員会
委員長　岸田　英明
幹　事　高梨　晃一　　西川　孝夫　　森田　司郎
委　員　（省略）

鋼構造運営委員会
主　査　金谷　　弘
幹　事　小野　徹郎　　田中　淳夫
委　員　安達　守弘　　青木　博文　　秋山　　宏　　井出　隆也
　　　　井上　一朗　　上杉　英樹　　岡松　真之　　木村　　衛
　　　　黒羽　啓明　　甲津　功夫　　坂本　　順　　鈴木　敏郎
　　　　高梨　晃一　　高橋　　晶　　高橋　正明　　辻　　文三
　　　　寺本　隆幸　　中村　　武　　平野　道勝　　森田　耕次
　　　　森野　捷輔　　山内　泰之　　脇山　広三

接合小委員会
主　査　森田　耕次
幹　事　木村　　衛
委　員　泉　　　満　　大井　謙一　　桑村　　仁　　甲津　功夫
　　　　高橋　泰彦　　田中　淳夫　　田沼　吉伸　　田渕　基嗣
　　　　中尾　雅躬　　中込　忠男　　向井　昭義　　矢部　喜堂
　　　　脇山　広三

高力ボルト接合設計施工指針作成ワーキンググループ
主　査　田中　淳夫
委　員　井上　一朗　　田川　泰久　　寺田　岳彦　　中川　　容
　　　　長尾　直治　　畑中　公樹

原案執筆担当

1. 高力ボルト接合概観　　　田中　淳夫 (1.3)　脇山　広三 (1.1, 1.2, 1.4)
2. 設　　計　　　　　　　　井上　一朗 (2.7)　田中　淳夫 (2.1〜2.6, 2.8)
3. 施　　工　　　　　　　　　　　　　　　　　橋本　篤秀
4. 溶融亜鉛めっき高力ボルト接合　　　　　　　橋本　篤秀

鋼構造接合部設計指針作成関係委員

(五十音順・敬称略)

構造本委員会 (2000)
- 委員長　高梨晃一
- 幹　事　篠崎祐三　松崎育弘　森田耕次
- 委　員　(省略)

鋼構造運営委員会 (2000)
- 主　査　森田耕次
- 幹　事　岩田　衛　中島正愛
- 委　員　青木博文　井上一朗　大井謙一　大竹章夫
　　　　　小野徹郎　木村　衛　久保寺　勲　桑村仁嗣
　　　　　計良光一郎　甲津功夫　鈴木弘之　田渕基嗣
　　　　　辻　文三　寺本隆幸　長尾直治　中込忠男
　　　　　牧野雄二　松尾　彰　森野捷輔　矢部喜堂
　　　　　山内泰之

鋼構造接合小委員会 (1996〜2000)
- 主　査　井上一朗
- 幹　事　矢部喜堂
- 委　員　宇野暢芳　大井謙一　吹田啓一郎　多賀謙蔵
　　　　　田川泰久　田中淳夫　田沼吉伸　田渕基嗣
　　　　　中込忠男　中島正愛　松尾　彰　丸岡義臣

溶接接合ワーキンググループ
- 主　査　吹田啓一郎
- 幹　事　杉本浩一
- 委　員　大井謙一　坂本真一　鈴木孝彦　田川泰久
　　　　　田中淳夫　田渕基嗣　中込忠男　中島正愛
　　　　　松尾　彰　丸岡義臣　森田耕次　山田丈富
- 協力委員　田中　剛　桑原　進

高力ボルト接合ワーキンググループ
- 主　査　宇野暢芳
- 幹　事　増田浩志
- 委　員　井上一朗　岡田久志　多賀謙蔵　田中淳夫
　　　　　平井敬二

柱脚ワーキンググループ
- 主　査　田沼吉伸
- 幹　事　寺田岳彦
- 委　員　打越瑞昌　田川泰久　山田　哲　平井敬二
- 協力委員　中島茂壽　九谷和秀

目　次

1. 高力ボルト接合概説
   1.1 高力ボルト ··· 1
      1.1.1 高力ボルトの誕生と開発の経緯 ··· 1
      1.1.2 高力ボルトの機械的性質 ··· 4
      1.1.3 高力ボルトの締付けと管理 ··· 7
   1.2 摩擦接合 ··· 12
      1.2.1 摩擦接合の特徴 ··· 12
      1.2.2 摩擦力とすべり係数 ··· 13
   1.3 引張接合 ··· 15
      1.3.1 応力伝達機構 ··· 15
      1.3.2 てこ反力 ··· 19
   1.4 支圧接合 ··· 20

2. 設　計
   2.1 基本事項 ··· 23
      2.1.1 許容応力度設計と終局状態設計 ··· 23
      2.1.2 高力ボルトの耐力 ·· 23
      2.1.3 高力ボルトの配置 ·· 29
      2.1.4 高力ボルトの孔径 ·· 30
      2.1.5 設計細則 ··· 31
   2.2 板要素の接合部 ··· 32
      2.2.1 許容耐力 ··· 32
      2.2.2 最大耐力 ··· 38
   2.3 併用継手 ··· 40
      2.3.1 高力ボルトと溶接との併用 ··· 40
      2.3.2 高力ボルトとボルトとの併用 ··· 40
   2.4 ブレース接合部 ··· 41
      設計例1 ·· 46
      設計例2 ·· 47
      設計例3 ·· 48
   2.5 梁継手および柱継手 ··· 50

2.5.1　梁　継　手 …………………………………………………… 50
　　　　　　設計例 4 ……………………………………………………… 54
　　　2.5.2　柱　継　手 …………………………………………………… 56
　2.6　柱梁接合部 …………………………………………………………… 56
　　　2.6.1　混用接合による接合部 ………………………………………… 56
　　　2.6.2　高力ボルト引張接合による接合部 …………………………… 57
　2.7　高力ボルト鋼管フランジ継手 ……………………………………… 61
　　　2.7.1　円形鋼管フランジ継手 ………………………………………… 61
　　　2.7.2　角形鋼管フランジ継手 ………………………………………… 63
　2.8　繰返し応力 …………………………………………………………… 63

3. 施　　　工

　3.1　高力ボルトの種別と品質 …………………………………………… 68
　3.2　高力ボルトの首下長さの選定 ……………………………………… 69
　　　3.2.1　JIS 形高力ボルト ……………………………………………… 69
　　　3.2.2　トルシア形高力ボルト ………………………………………… 70
　3.3　高力ボルトの取扱い ………………………………………………… 70
　3.4　高力ボルト孔とその配置 …………………………………………… 71
　3.5　摩擦面の処理 ………………………………………………………… 72
　　　3.5.1　自然発せいによる場合 ………………………………………… 72
　　　3.5.2　ブラスト処理による場合 ……………………………………… 73
　　　3.5.3　薬剤処理による場合 …………………………………………… 74
　　　3.5.4　すべり試験 ……………………………………………………… 75
　3.6　接合部の組立て ……………………………………………………… 78
　　　3.6.1　組 立 精 度 ……………………………………………………… 78
　　　3.6.2　接合部の締付け施工 …………………………………………… 80
　3.7　高力ボルトの締付け ………………………………………………… 82
　　　3.7.1　JIS 形高力ボルトの締付け …………………………………… 82
　　　3.7.2　トルシア形高力ボルトの締付け ……………………………… 92
　3.8　締付け後の検査 ……………………………………………………… 94
　　　3.8.1　トルクコントロール法による場合 …………………………… 94
　　　3.8.2　ナット回転法による場合 ……………………………………… 94
　　　3.8.3　トルシア形高力ボルトの場合 ………………………………… 95
　3.9　仮 ボ ル ト …………………………………………………………… 96
　　　3.9.1　仮ボルトの目的と留意事項 …………………………………… 96
　　　3.9.2　仮ボルトの種類 ………………………………………………… 97

3.9.3　仮ボルトの本数と配置 …………………………………………………………… 97

4. 溶融亜鉛めっき高力ボルト接合
　4.1　序 …………………………………………………………………………………………… 98
　4.2　めっき構造物の概要 ………………………………………………………………………… 98
　　　4.2.1　法的関連事項 ………………………………………………………………………… 99
　　　4.2.2　めっきによる構造的事項 …………………………………………………………… 101
　4.3　溶融亜鉛めっき高力ボルトのセット ……………………………………………………… 113
　4.4　接合部の設計 ………………………………………………………………………………… 113
　　　4.4.1　使用材料の材質・形状および寸法・許容応力度 ………………………………… 113
　　　4.4.2　高力ボルト孔径 ……………………………………………………………………… 114
　　　4.4.3　めっき高力ボルトの締付け力 ……………………………………………………… 115
　　　4.4.4　めっき高力ボルトの首下長さの選定 ……………………………………………… 115
　4.5　施　　工 ……………………………………………………………………………………… 116
　　　4.5.1　めっき高力ボルトの取扱い ………………………………………………………… 116
　　　4.5.2　孔あけ加工 …………………………………………………………………………… 117
　　　4.5.3　摩擦面処理 …………………………………………………………………………… 117
　　　4.5.4　接合部の組立て ……………………………………………………………………… 119
　　　4.5.5　めっき高力ボルトの締付け ………………………………………………………… 119
　　　4.5.6　締付け後の検査 ……………………………………………………………………… 121
　4.6　めっき高力ボルト摩擦接合すべり試験 …………………………………………………… 122
　　　4.6.1　すべり耐力試験 ……………………………………………………………………… 122
　　　4.6.2　すべり係数試験 ……………………………………………………………………… 123
　4.7　めっき高力ボルト接合の施工管理 ………………………………………………………… 124
　　　4.7.1　施　工　者 …………………………………………………………………………… 124
　　　4.7.2　溶融亜鉛めっき高力ボルト接合工法施工管理 …………………………………… 125

5. 超高力ボルト
　5.1　はじめに ……………………………………………………………………………………… 129
　　　5.1.1　超高力ボルトの開発経緯 …………………………………………………………… 129
　　　5.1.2　遅れ破壊特性の評価方法 …………………………………………………………… 130
　　　5.1.3　耐遅れ破壊特性に優れた鋼材 ……………………………………………………… 131
　　　5.1.4　遅れ破壊を起こしにくいボルト形状 ……………………………………………… 132
　　　5.1.5　実ボルトの暴露試験による耐遅れ破壊性能の検証 ……………………………… 134
　5.2　基　本　事　項 ……………………………………………………………………………… 134
　　　5.2.1　ボルトセットの構成 ………………………………………………………………… 134

5.2.2　機械的性質	135
5.2.3　変 形 性 能	136
5.2.4　リラクセーション特性	136
5.2.5　ボルトセットの形状	137
5.3　設　　　計	137
5.3.1　設 計 方 針	137
5.3.2　高力ボルトの耐力	137
5.4　施　　　工	138
5.4.1　高力ボルトの種別と品質	139
5.4.2　高力ボルトの首下長さの選定	139
5.4.3　導入張力確認試験	139
5.4.4　摩擦面の処理	140
5.4.5　高力ボルトの締付け	140
5.5　高力ボルト摩擦接合すべり試験	141

付　　録

付 1.　摩擦接合用高力六角ボルト・六角ナット・平座金のセット（JIS B 1186：2013）	143
付 2.　設 計 資 料	158
付 3.　摩擦面のさび色	161

高力ボルト接合設計施工ガイドブック

1. 高力ボルト接合概説

1.1 高力ボルト
1.1.1 高力ボルトの誕生と開発の経緯

　高力ボルトは，JIS B 1186-2013（摩擦接合用高力六角ボルト・六角ナット・平座金のセット）に規定されるものである．高力ボルトが他の一般ボルトと異なる点は，ボルト・ナットが高強度であることはもちろん，トルク係数値が一定となるように製造管理されていることである．トルク係数値は他の機械的性質と異なり，ボルト・ナット・座金をセットとして取り扱うべき性質のものである．この高力ボルト（F 10T）とほぼ同等の機械的性質を有し，締付け力のコントロール機能をもったトルシア形高力ボルトについては，1981年11月に日本鋼構造協会規格（JSS II 09）が定められ，非常に多くの使用実績がある．このほか高力ボルト F 8T 相当の溶融亜鉛めっき高力ボルトや F 10T 相当の耐候性高力ボルト・耐火性鋼材を用いた高力ボルトなどが開発されており，これらのボルトによる接合部の設計に関しては JIS B 1186 高力ボルトの場合と同様な扱いが可能である．

　このように，種々の高力ボルトの基本となっている JIS B 1186 は 1964 年に制定され，このときには将来はメートルねじだけにすることを前提として，それまで製造されていたウイットねじとメートルねじの2種類につき形状・寸法等が規定された．この JIS では，ボルトの機械的性質による等級は F 7T，F 9T，F 11T，F 13T の奇数系列によっていた．しかし，F 13T は後に遅れ破壊を生じた例もあり，製造が中止された．1967年には，ISO ねじの導入に伴って決定された JIS ねじ基本に従ってウイットねじを廃止し，メートル並目ねじに統一し，機械的性質による種類および等級を F 8T，F 10T，F 11T の 3 種類に変更した．ここで，偶数系列であるにもかかわらず F 12T の代わりに F 11T としたのは，F 12T では F 13T で問題となった遅れ破壊が生じないという保証が得られなかったこと，それに引換え F 11T にはかなりの使用実績があるので，これを採用したものである．しかし，この時点では ISO において高力ボルトを含めた規格の国際的な調整が十分行われていなかったため，その JIS の実用化は見送られ，1964年の JIS の F 9T と F 11T のウイットねじ系高力ボルトが続けて製造・使用された．

　1970年に至って ISO DP453，454，455（1969）を参考とし，過去の実績を考慮して JIS の改正が行われた．このときの JIS 改正により，現在使われているメートルねじ系高力ボルトへの移行が本格的に行われた．

　1970年の改正の要点は，次のとおりである．
(1)　ボルト頭部およびナットの2面幅（六角形の対辺間長さ）を改正し，ISO の DP453 および DP454 に合致させ，若干大きくした．
(2)　座金の硬さを ISO DP455 に準じて改正し，HRC で 5 だけ硬さを下げた．
(3)　セットのトルク係数値による種類 A につき，トルク係数値の下限値を改正した．

(4) ねじの呼びの M 22 は，従来特別にそのサイズが必要なときだけ製造が認められていたものを通常の JIS のサイズとして認めることになった．

(5) ねじの規定において，ナットの有効径の最大許容寸法を ISO R965-1 による 6H に合わせて数値を定めた．

(6) 円筒部径 d_1 をほぼねじの有効径に近い値としたボルトが着目されているが，まだ一般化するまでには至っていないので，受渡し当事者間の協定があれば使用してよいこととし，この場合の首下丸みの値を規定した．

このように 1970 年の JIS 改正以降，メートルねじ系で，強度系列 F 8T，F 10T，F 11T の高力ボルトが使われるようになった．しかし，1976 年頃から F 11T の高力ボルトについても遅れ破壊の例が見られるようになり，一方，土木構造物の大形化に伴ってより太径の高力ボルトに対する要求が出てきたことを背景として，1979 年には再度 JIS B 1186 の内容が改正された．このときの改正の主要点は，下記のとおりである．

(1) ボルトの等級 F 11T およびナットの等級 F 8 が「なるべく使用しない」ことを意味するかっこ付きとなった．

(2) 従来のサイズに加えて M 27，M 30 の太径サイズが追加された．

ここで F 11T のボルトがかっこ付きとなったのは，この等級のボルトは，使用条件によっては遅れ破壊の可能性が否定できないことが明らかとなったためである．なお，F 8 のナットがかっこ付きとなったのは，1 種の高力ボルトのセットがあまり広く使用されていないために，わざわざ F 8 のナットを製造することがコスト的に割高となることと，F 8T のボルトを F 10 のナットと組み合わせて使用しても特に問題のないことが明らかとなったことによるもので，F 11T のボルトがかっこ付きとなった事情とは異なる理由によるものである．

1995 年には，SI 単位化に伴って JIS B 1186 の内容が改正されている．鋼材の SI 単位化にあたっては，1 kgf/mm²=9.80665 N/mm² の関係を用いて応力を換算することを基本としているが，高力ボルトに関しては，高力ボルトメーカーの協力を得つつ 2 ％ の強度増加を図ることとし，従来の規格値を 1 kgf/mm² → 10 N/mm² と換算することによって新しい規格値が与えられるようにした．したがって，高力ボルトに関する応力や強度（tf → kN）は，旧重力系の単位で示された値を 10 倍することによって SI 単位系の値が得られる．

2013 年には，最近の製産および使用の実態を踏まえて JIS B 1186 の内容が改正された．改正の主要な点は，下記のとおりである．

(1) ボルトの等級 F 11T が削除された．

(2) ナットの等級 F 8 が削除された．

したがって，現在 JIS で規定されている高力ボルトのセットは，表 1.1 に示すように，セットを構成する部品の機械的性質によって 1 種と 2 種があり，さらにトルク係数値によって A および B の 2 種類に分けられている．それらを構成するボルト・ナットおよび座金の機械的性質による等級は，ボルトは F 8T，F 10T の 2 種類，ナットは F 10 の 1 種類，座金は F 35 の 1 種類である．トルク係数による種類の違いはナット，座金の表面処理の違いによるもので，トルク係数が小さい A

は主としてM20以上の径に適用されている．なお，現在は，機械的性質が1種（ボルトがF8T）のボルトセットは製産されておらず，事実上2種（ボルトがF10T）のボルトセットのみとなっている．

表1.1 JISの高力ボルトの種類と等級

セットの種類		適合する構成部品の機械的性質による等級		
機械的性質による種類	トルク係数値による種類	ボルト	ナット	座金
1種	A	F8T	F10	F35
	B			
2種	A	F10T		
	B			

このほか，溶融亜鉛めっき高力ボルト，ステンレス高力ボルト，耐火高力ボルト，ワンサイド高力ボルト等が開発されており，これらボルトの詳細は，本会「鋼構造接合部設計指針」に記述されている．なお，溶融亜鉛めっき高力ボルト接合については，4章で記述している．

一方，メーカーではF10Tよりも強度の高い高力ボルトの開発が1990年代後期に進められ，引張強さF_{bu}=1400 N/mm^2，耐力F_{by}=1280 N/mm^{2}を有する超高力ボルト（以下，F14Tという）が登場し，2001年に超高層ビルに初めて使用されている．以降，複数のメーカーが同様のF14T高力ボルトを開発し，国土交通大臣の一般認定を取得しており，使用実績が近年拡大している．超高力ボルト（F14T）の詳細については，5章で記述している．

高力ボルトの高強度化を阻害する最大の要因は，遅れ破壊である．遅れ破壊は外荷重が作用しはじめた時点でも繰返しの荷重が作用するのでもなく，静的荷重の下で，ある一定期間経過した時点に突然破断する現象であり，鋼材中を自由に動き回れる拡散性水素による水素脆化に起因する．前述のとおり，遅れ破壊の発生によりF13TやF11TがJISより削除されたが，F14Tでは5章で紹介する遅れ破壊特性の評価方法，遅れ破壊防止策によりこれを克服している．

ところで，ねじのJISはメートルねじとなってからも1965年に改正され，ねじの谷底のRが従来の1.33倍になった．しかし，高力ボルトメーカーが製品としてこの規格で製造を始めたのは1975年以降である．このねじに関する単純引張時の応力集中係数は旧規格のねじでは2.94，新規格のねじでは2.54とかなり緩和されている．また，不完全ねじ部の応力集中係数は，切上り部が鋭いノッチ状になることのないように配慮した場合でも，旧規格のねじでは図1.1に示すように5.0を上回る部分があり，新規格のねじでも4.0程度になることがある．この辺りのねじについて谷底がノッチ状になるようなことがあれば，非常に大きな応力集中を生じることになる．これに関連して不完全ねじ部の谷底の塑性変形量は，応力集中以上にねじ形状に敏感であるので，その形状を少し変更することで非常に大きくなることも十分注目に値する．これらのことは，ある時期の高力ボルトに多くの遅れ破壊が生じたことと無縁ではないと考えられる．

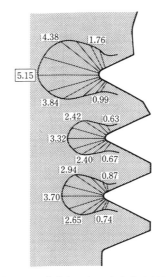

図 1.1　不完全ねじ部の応力集中係数

1.1.2　高力ボルトの機械的性質

ボルトの機械的性質は削り出し試験片および製品の試験により検査されるが，規格値は表 1.2 および表 1.3 に示すとおり，削り出し試験片により鋼材としての一般的な性質を検査し，製品試験によってボルトとしての強度を確認している．

表 1.2 において，削り出し試験片の機械的性質のうち耐力という表現を用いているのは，高力ボルトの試験片ではその応力度-ひずみ度関係が図 1.2 に示すように，SN400 材のような明確な降伏点を示さない場合が多いので，0.2 % の残留ひずみを生じる応力を耐力と呼び，その機械的性質を規定しているからである．

表 1.2　削り出し試験片の機械的性質

ボルトの機械的性質による等級	耐力 (N/mm^2)	引張強さ (N/mm^2)	伸び (%)	絞り (%)
F 10T	900 以上	1000～1200	14 以上	40 以上

表 1.3　製品（ボルト）の機械的性質

| ボルトの機械的性質による等級 | 引張荷重（最小）(kN) ねじの呼び | | | | | | | 硬さ |
	M12	M16	M20	M22	M24	M27	M30	
F 10T	85	157	245	303	353	459	561	27～38 HRC

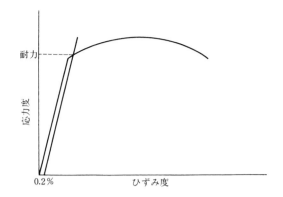

図 1.2　高力ボルト削り出し試験片の応力度-ひずみ度関係

　JIS では，高力ボルトに使用する材料の種類は規定せず，製品としての機械的性質のみを規定しているが，実際に使用される材料は，頭部成形やねじ転造など冷間加工性がよく，熱処理により十分な機械的性質が得られ，耐遅れ破壊性も優れ，かつ低コストの材料であることが望まれる．高力ボルトが製造されはじめた初期の頃は，低炭素鋼・中炭素鋼・特殊鋼（クロム鋼・クロムモリブデン鋼）などの JIS 材や SAE 規格材などが使用されていたが，1970 年頃からは比較的低コストの高力ボルト専用鋼材として低炭素ボロン添加鋼が使用されるようになり，現在に至っている．

　現在，高力ボルトに一般的に使用されている鋼材の化学成分の範囲を表 1.4 に示す．なお，必ずしもこの中に入らないものもある．

表 1.4　高力ボルト鋼材の化学成分（単位：%）

	C	Si	Mn	P	S	Cr	Mo	B	Cu	Ni
高力ボルト	0.18～0.25	0.10～0.35	0.70～1.10	<0.03	<0.03	0.10～0.80	—	0.0005～0.0030	—	—
耐候性高力ボルト	0.17～0.25	0.10～0.50	0.40～1.20	<0.03	<0.03	0.50～1.25	—	0.0005～0.0030	0.25～0.60	0.20～0.80
耐火鋼材高力ボルト	0.18～0.25	0.10～0.35	0.40～0.90	<0.03	<0.03	0.50～0.13	0.50～0.55	—	—	—

　これらの材料には当然熱処理が行われるが，その熱処理は通常，焼入れと焼戻しからなっており，焼入れは約 800〜900 ℃，焼戻しは 400〜600 ℃で行われている．耐火被覆に関する火災時の鋼材表面温度規定が 350 ℃であることから，焼戻し温度がこの温度以下の場合は軟化によりボルト強度が低下するため，焼戻し温度は 400 ℃以上が必要なものと考えられている．

　このように高力ボルトの部品は熱処理が施されているため，ナットを溶接したり，ボルト接合部の近くを溶接したりすると，ボルトの劣化やボルト張力の減少が生じるおそれがあるので，注意を要する．

　これに関連する資料として，高力ボルトを加熱し，最高温度で約 1 時間保持した後に冷却させた

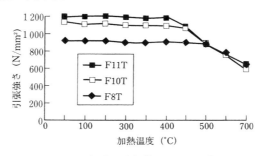

図 1.3　加熱・冷却後の引張強さ[1]

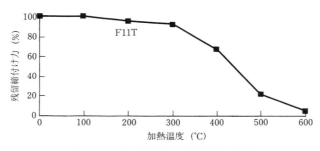

図 1.4　加熱・冷却後の残留締付け力[2]

場合の冷却後の引張強さと残留締付け力の一例を図 1.3 と図 1.4 に示す．図 1.4 は F 11T の例であるが，F 8T，F 10T の場合も大きな差は見られない．

　ナットの機械的性質は，組み合わせるボルトを締め付けたときにねじ抜けのないように考慮して，表 1.5 に示すような硬さの範囲と保証荷重を定めている．F 10 のナットは，ボルトと同様に熱処理がなされている．

　座金は，ボルトに高い締付け力を安定して与えるのに重要な役割を果たしており，座金の機械的性質としては，締付け時にボルト頭やナットによりめり込みを生じないように，その硬さがボルト・ナットの硬さより若干硬く，しかも，締付け時に割れないことが要求される．このようなことを考慮して，表 1.6 に示す範囲の硬さが与えられている．

表 1.5　ナットの機械的性質

ナットの機械的性質による等級	硬さ		保証荷重
	最小	最大	
F 10	20 HRC	35 HRC	表 1.3 のボルトの引張荷重（最小）に同じ

表 1.6　座金の硬さ

座金の機械的性質による等級	硬さ
F 35	35〜45 HRC

1.1.3 高力ボルトの締付けと管理

トルク係数値は，高力ボルトのように，高応力で一定に締め付ける場合には重要な特性値である．トルク係数値に（1.1）式によっており，その値が表1.7を満足していなければならない．

$$k = \frac{T_r}{d \times N} \tag{1.1}$$

k ：トルク係数値
T_r ：締付けトルク（ナットを締め付けるモーメント）
d ：ねじの呼び径
N ：ボルト張力[脚注1]

表1.7 トルク係数値の種類

区　　分	トルク係数値によるセットの種類	
	A	B
1製品ロット*のトルク係数値の平均値	0.110〜0.150	0.150〜0.190
1製品ロット*のトルク係数値の標準偏差	0.010以下	0.013以下

［注］＊ここでいう1製品ロットとは，セットを構成するボルト・ナットおよび座金が，それぞれ同一ロットによって形成されたセットのロットをいう．ここでいうボルト・ナットおよび座金の同一ロットとは，次の規定に適合するものをいう．
(a) ボルトの同一ロットとは，ボルトの（イ）材料（鋼材）の溶解番号，（ロ）機械的性質による等級，（ハ）ねじの呼び，（ニ）長さ，（ホ）機械加工工程，（ヘ）熱処理条件，（ト）表面処理を施した場合は，表面処理条件が同一な1製造ロットをいう．ただし，長さの多少の違いは，同一ロットと見なしてもよい．
(b) ナットの同一ロットとは，ナットの（イ）材料（鋼材）の溶解番号，（ロ）機械的性質による等級，（ハ）ねじの呼び，（ニ）機械加工工程，（ホ）熱処理条件，（ヘ）表面処理を施した場合は，表面処理条件が同一な1製造ロットをいう．
(c) 座金の同一ロットとは，座金の（イ）材料（鋼材）の溶解番号，（ロ）機械的性質による等級，（ハ）座金の呼び，（ニ）機械加工工程，（ホ）熱処理条件，（ヘ）表面処理を施した場合は，表面処理条件が同一な1製造ロットをいう．

以上のようにトルク係数値は，製造ロットの平均値と同時にその標準偏差を定めている．この標準偏差はトルク係数値のA種，B種それぞれの中央値に対して8％以下を標準として規定されており，締付け力のばらつきがないように考慮されている．

トルク係数値によるセットの種類Aでは，ナットもしくは座金に表面処理を施してあるのが普通であり，特に取扱いに注意する必要がある．

高力ボルトは建築部品の中でも品質管理がよく行われているものの1つであるといえるが，購入に際しては，品質管理をよく実施している製造業者を選ぶ必要がある．

脚注
1) ここでいう張力とは，トルクを加えて締め付けたボルトにおいてボルト軸方向に作用する引張力をいう．

ボルトのセットの機械的性質やトルク係数値などに関する JIS B 1186 の検査方式は，使用者が品質管理を完全に実施している製造業者に発注することを前提条件としており，使用者は，事前に製造業者より当該品質特性に関する品質管理データを提出させ，あらかじめその製造工場における品質管理能力を把握しておき，納入ロットについては，計量抜取検査方式を用いてできるだけ少量のサンプルで検査ロットの品質分布の良否をチェックする方法を採用している．実際の品質管理では$\overline{X}-R$管理図を用いるが，それによるトルク係数値管理の一例を図 1.5 に示す．このような管理図を用いて各工場で不良品を製造・出荷しないよう管理している．これらの管理方法は，JIS B 1186-2013 解説に詳細に述べられており，その基本となるのは JIS Z 9015（係数値検査に対する抜取検査手順）と JIS Z 9003（計量規準型一回抜取検査）の規格である．

これらの機械的性質やトルク係数値には，ボルト・ナット・座金などの製造工程も大いに関係するので，最近の製造工程の例を図 1.6 に示す．ここに見られるように，各製造工程において，各種の検査を行って十分な品質を確保している．

No.	日時	工番	ボルトの寸法	ボルトの鋼	x_1	x_2	x_3	x_4	x_5	計 Σ_x	平均値 $\bar{x}$	範囲 R
1	1/25	10-759	M24×65	7-1149	0.128	0.121	0.125	0.129	0.132	0.635	0.1270	0.011
2	1/26	〃 760	〃 ×70	〃	0.131	0.123	0.125	0.134	0.131	0.644	0.1288	0.011
3	1/27	〃 761	〃 ×70	〃	0.123	0.120	0.125	0.124	0.133	0.625	0.1250	0.013
4	1/28	〃 762	〃 ×70	〃	0.125	0.123	0.125	0.133	0.127	0.633	0.1266	0.010
5	1/30	〃 763	〃 ×70	〃	0.127	0.127	0.128	0.126	0.124	0.632	0.1264	0.004
6	1/31	〃 764	〃 ×70	〃	0.121	0.123	0.126	0.130	0.126	0.626	0.1252	0.009
7	2/1	〃 765	〃 ×70	〃	0.125	0.130	0.124	0.125	0.126	0.630	0.1260	0.006
8	2/2	〃 766	〃 ×70	〃	0.125	0.123	0.125	0.131	0.127	0.631	0.1262	0.008
9	2/3	〃 767	〃 ×70	〃	0.127	0.133	0.127	0.127	0.130	0.644	0.1288	0.006
10	2/4	〃 768	〃 ×70	〃	0.125	0.123	0.129	0.123	0.132	0.632	0.1264	0.009
11	2/6	〃 769	〃 ×70	〃	0.128	0.124	0.125	0.119	0.126	0.617	0.1234	0.009
12	2/7	〃 770	〃 ×70	〃	0.122	0.120	0.130	0.128	0.127	0.627	0.1254	0.010
13	2/8	〃 771	〃 ×70	〃	0.124	0.124	0.121	0.126	0.124	0.619	0.1238	0.008
14	2/9	〃 772	〃 ×70	〃	0.125	0.129	0.124	0.132	0.128	0.638	0.1276	0.008
15	2/10	〃 773	〃 ×70	〃	0.124	0.127	0.123	0.120	0.121	0.615	0.1230	0.007
16	2/11	〃 774	〃 ×75	〃	0.123	0.121	0.121	0.124	0.131	0.620	0.1240	0.010
17	2/13	〃 775	〃 ×75	〃	0.124	0.121	0.124	0.122	0.124	0.615	0.1230	0.003
18	2/14	〃 776	〃 ×80	〃	0.124	0.124	0.125	0.122	0.128	0.623	0.1246	0.006
19	2/15	〃 777	〃 ×65	〃	0.125	0.131	0.122	0.128	0.128	0.634	0.1268	0.008
20	3/3	10-828	〃 ×70	7-3847	0.129	0.121	0.122	0.128	0.126	0.626	0.1252	0.008
21	3/4	〃 829	〃 ×70	〃	0.129	0.126	0.128	0.116	0.125	0.624	0.1248	0.013
22	3/6	〃 830	〃 ×70	〃	0.127	0.126	0.128	0.128	0.125	0.634	0.1268	0.003
23	3/7	〃 831	〃 ×70	〃	0.121	0.121	0.127	0.122	0.123	0.614	0.1228	0.006
24	3/8	〃 832	〃 ×70	〃	0.128	0.124	0.128	0.124	0.126	0.630	0.1260	0.004
25	3/9	〃 833	〃 ×70	〃	0.126	0.123	0.125	0.125	0.130	0.629	0.1258	0.007
26	3/10	〃 834	〃 ×70	〃	0.128	0.124	0.130	0.120	0.120	0.622	0.1244	0.010
27	3/11	〃 835	〃 ×75	〃	0.128	0.124	0.124	0.122	0.122	0.620	0.1240	0.006
28	3/13	〃 836	〃 ×70	〃	0.126	0.124	0.127	0.128	0.129	0.634	0.1268	0.005
29	3/14	〃 861	〃 ×65	〃	0.130	0.124	0.132	0.128	0.131	0.645	0.1290	0.008
30	3/15	〃 862	〃 ×70	〃	0.135	0.129	0.126	0.124	0.125	0.639	0.1278	0.011
									計	3.7714	0.230	
										$\bar{x}=0.12571$	$\bar{R}=0.00767$	

製品名称	高力六角ボルト・ナット・座金のセット	
種 類	2種 A	M24×65~80
品質特性	トルク係数値	規格値 $S_U=$ロットの平均値 0.150 / $S_L=$ロットの平均値 0.110
期 間	H4.1/25~H4.3/15	ボルトの呼び×l

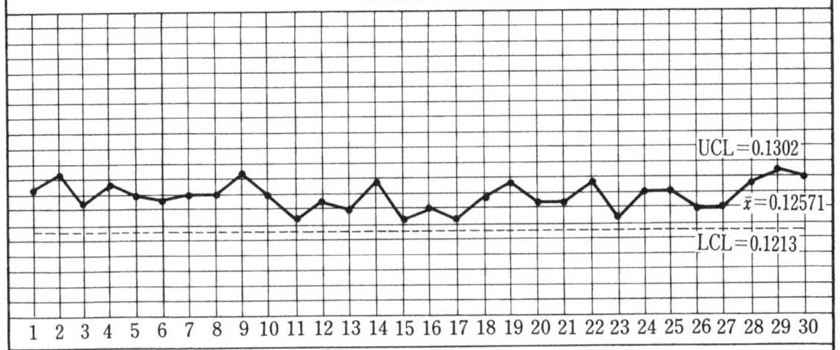

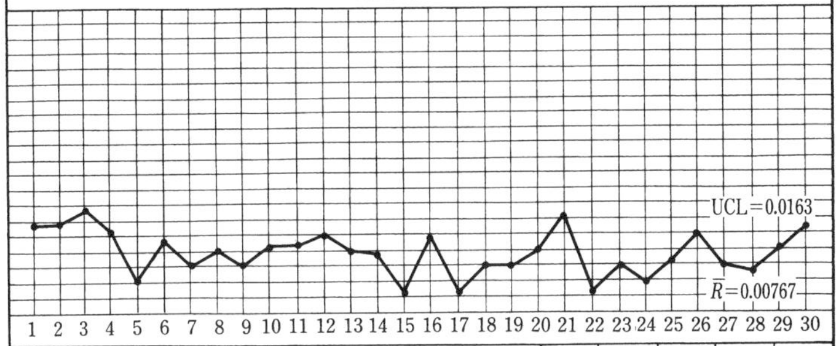

$\bar{x}$管理図
UCL $= \bar{x} + A_2\bar{R} = 0.1302$
LCL $= \bar{x} - A_2\bar{R} = 0.1213$

R管理図
UCL $= D_4\bar{R} = 0.0163$

標準偏差
$\bar{\sigma} = \dfrac{\bar{R}}{d_2} = 0.00329$

合格判定値
$n=2$
$X_U = m_0' + G_{0\sigma} = 0.1534$
$X_L = m_0' + G_{0\sigma} = 0.1066$

n	2	3	4	5
A_2	1.88	1.02	0.73	0.58
D_4	3.27	2.58	2.28	2.12
d_2	1.13	1.69	2.06	2.33

図 1.5 トルク係数値の $\bar{X}-R$ 管理図用データシートと $\bar{X}-R$ 管理図

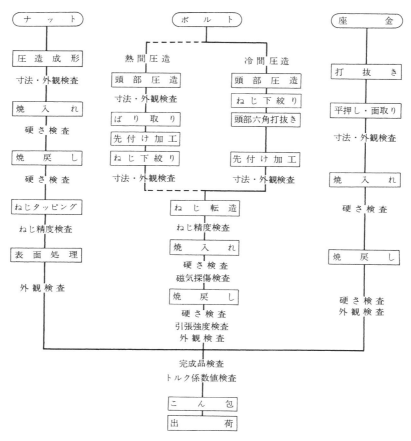

図 1.6　ボルト・ナット・座金の製造工程例

　高力ボルトは，摩擦接合・引張接合のいかんにかかわらず，一定の高い締付け力を与えて使用することを原則としており，このことは，高力ボルト使用上重要な事柄である．

　高力ボルトを締め付ける方法としては，トルクコントロール法・ナット回転法などがある．トルクコントロール法は一定のトルクを与えて締め付ける方法で，すでに十分実績のある方法であるが，締付け力のばらつきや機械の調整などに改良の余地がある．ナット回転法は，ボルト締付け時のナットの回転量と導入されるボルト張力の間にほぼ一定の関係があることに基づいて，導入張力のコントロールをナットの回転量で行う締付け方法である．日本では1970年頃から実験的な研究が行われるようになり，1977年に刊行された本会の「鉄骨工事技術指針」で初めて具体的な締付け方法が提案された．その後，徐々に使われるようになり，1982年に改正された本会の「建築工事標準仕様書 JASS 6 鉄骨工事」で一般的な締付け方法として採用されている．この方法は，溶融亜鉛めっき高力ボルトの締付けでは，現在でも標準的である．

　ナット回転法では高力ボルトの塑性域まで締め付けるので，破断までのナットの回転量の多いほうが施工上の問題が少ない．

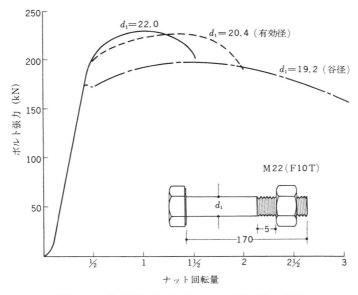

図1.7 円筒部径とボルト張力-ナット回転量の関係

図1.7に示すように，ボルト円筒部径 d_1 を細くすればボルトの伸び能力が増し，破断に達するまでのナット回転量が増加する．しかし，必要以上に細くすると，ボルトの強度が低下するので有効径程度まで細めることが現実的であり，JISでもこのようなボルトの製造を認めている．

なお，ナット回転法では，トルク係数値は関係がないように考えられるが，図1.8に示すように，トルク係数値が極端に大きくなると，ねじ部に働くねじり力の増加に伴い，ボルトねじ部の伸びが抑制され，その結果，塑性域におけるナット回転量が減少する．したがって，ナット回転法による場合でもトルク係数値は小さい方がよく，容易な締付け作業を勘案すれば，A種の使用が望まれる．

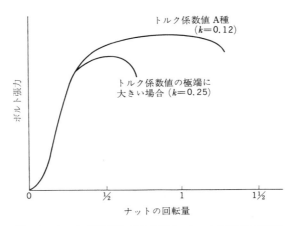

図1.8 トルク係数値とボルト張力-ナット回転量の関係

その他の締付け方法としては，ボルトの塑性化を感知して締付け管理を行う耐力点法，突起を有する特殊座金を用いる方法，ボルトのテールを十分大きな力で引っ張っておいて，その間にナットを回転させて締め付ける方法などがある．

このように，高力ボルトにはいろいろな締付け方法があるが，すべてのボルトに適正な導入張力を確保するための施工と管理はかなり難しいものである．施工と管理を容易にするために，高力ボルトのセットに改良を加えた日本鋼構造協会の規格（JSS II 09-2015）が定めるトルシア形高力ボルトがあり，施工管理の簡便さ等から現在ではこのボルトが主流となっている．トルシア形高力ボルトには破断溝付きのピンテールがあり，ナット回転トルクをピンテールに伝達し，締付け力を破断溝の破断トルクで制御する．これらのボルトセットの機械的性質は，JIS B 1186 に規定されたボルトセットの機械的性質とほとんど同等であり，さらにこれらのボルトセットを用いた接合部の性状も，JIS 高力ボルトの接合部の性状と大差はなく，これらは設計上ほとんど同等に扱えるものである．ただし，これら JIS 以外の高力ボルトの使用にあたっては，国土交通大臣によって JIS の高力ボルトと同等の性能を有することが認定されているものでなければ，構造体には使用できない．

1.2 摩擦接合

1.2.1 摩擦接合の特徴

高力ボルト摩擦接合は，高力ボルトで継手部材を締め付け，部材間に生じる摩擦力によって応力を伝達する接合法である．すなわち，図 1.9 に示すように，この種の接合部で伝える応力はボルト軸と直角方向のものであり，いわゆるせん断型接合の範ちゅうに入る．しかし，同じせん断型接合でも軸部のせん断，部材の支圧によって応力を伝えるリベット・中ボルトなどを用いた支圧接合とは，まったく原理を異にしている．

(a) 摩擦接合　　　　　　　　　　　(b) 支圧接合

図 1.9　摩擦接合・支圧接合

高力ボルトの役割は，接合部材間に接触圧を与えて摩擦力を生じさせることにあり，ボルト自身は，前節に述べられたように非常に大きな張力に耐えるものでなければならない．このように高い張力を任意に与えることのできるボルトおよび施工法を得て，はじめて材間摩擦の利用が可能になったわけである．また，建築における研究実績・使用実績も多く，一般に高力ボルト接合といった場合，摩擦接合を意味するほどである．

摩擦接合の特徴は，応力の流れが円滑で，継手の剛性が高いことにある．すなわち，せん断力を受けるリベットまたは中ボルト接合の場合，外力が作用すると接合部にずれが生じ，ボルトと鋼板が支圧状態になった後で応力の伝達が行われ，その場合は孔周辺に高い応力集中が生じるのに対

し，摩擦接合では接触面で応力が伝達され，応力伝達面積が大きいために，大きな応力集中は起こらない．このため，疲労強度が高い[3]と同時に摩擦によって伝えられているかぎりはすべりがなく，継手の剛性は高く溶接接合部の剛性に近い．また一般には，孔壁の側圧の検討は不要となる．材間摩擦力より大きい荷重が作用すると，部材間にすべりが生じ，ボルトにせん断力が付加されるようになる．このような場合は孔壁にも側圧が作用し，変形が大きくなる．

すべり以後，1方向荷重の場合には，荷重の増大とともに，摩擦面の変化，ボルト張力の減少により摩擦抵抗は減少していくが，接合部の最大強度付近まですべり耐力の3割程度の摩擦力が残留している．すべり荷重より大きな正負の繰返し荷重を受ける場合は，摩擦面の凸凹がなくなることなどにより，すべり荷重が明らかに低下する．摩擦抵抗の減少量は，継手部材に作用している応力の大きさ，あるいに引張力・圧縮力など力の向きによって異なる[4]．

高力ボルトの破断強度は，リベットおよびボルトより大きく，すべりを生じた後も一般にかなり大きな荷重に耐えるので，被接合材のほうに余裕があれば，摩擦接合部の破壊に対する安全率は大きい．しかし，すべり時に被接合材の方も降伏するか，またはそれに近い状態となる設計の場合には，被接合材の方で安全率が決まる．

1.2.2 摩擦力とすべり係数

接合部材間の摩擦力の大きさは，材間圧縮力と摩擦係数との積で表される．したがって，摩擦力 S は次式より算出される．式中の m は摩擦面の数であり，継手部分で摩擦面が1面であれば $m=1$ 〔図1.10 (a)〕，摩擦面が2面であれば $m=2$ 〔図1.10 (b)〕となる．

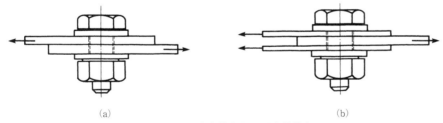

図1.10 1面摩擦接合と2面摩擦接合

$$S = m \cdot \mu \cdot C \tag{1.2}$$

S ：摩擦力
m ：摩擦面の数
C ：材間圧縮力
μ ：摩擦係数

したがって，接合部の効率を高めるためには，材間圧縮力と摩擦係数を大きくしなければならない．このため，高力ボルト摩擦接合では，大きい材間圧縮力を得るために従来のボルトより高強度のボルトを使用し，また，接触面を処理して材間の摩擦係数を大きくしている．

　材間圧縮力の大きさは，継手が引張応力または圧縮応力を受けると，部材が伸縮することにより，ごくわずかであるが変化することが実験によって確かめられている．したがって，ボルトに与えた初期の張力に基づいて算出する材間の摩擦係数は，厳密にいうと，真の摩擦係数ではなく見かけの摩擦係数となる．高力ボルト摩擦接合では，この見かけの摩擦係数をすべり係数と呼んでいる．すなわち，すべり係数は，すべり荷重（摩擦面が明瞭なすべりを起こすときの荷重）を初期導入ボルト張力で除した値となる．接触面のすべり係数の大小は，単に接合効率を左右するだけでなく，接合部の変形性状と密接な関係がある．

　すべり係数が大きい場合は，ある一定の荷重に達するまではほとんどすべりが起こらないので，非常に剛性の高い接合部が得られる．ある荷重に達すると急激に大きなすべりを生じ，ボルトが孔面に接触するようになる．この急激な大きなすべりを主すべりと呼び，その時の荷重をすべり荷重と呼ぶ．通常，主すべりを起こすときは，すべり音を伴う．「鋼構造設計規準」では，摩擦接合の場合，主すべりを起こす摩擦面を対象としており，すべり荷重を設計用許容応力度算出の基準としている．すべり係数の大きい例としては，赤さび・ショットブラスト・グリッドブラストなどの処理面がある．

　防せい処理を兼ねた摩擦面としては，ショットブラスト処理の上，無機ジンクリッチペイントを塗装すれば十分良い結果が得られる．また，溶融亜鉛めっきを施した接合面ではショットブラスト処理する方法，またはりん酸亜鉛処理する方法で所用のすべり係数が得られる．

　すべり係数が小さい場合には，比較的低い荷重のうちから相対すべりが見られ，荷重の増加とともに変形が連続的に増加する傾向にあり，主すべりを起こさないで支圧状態に移行することが多い．図 1.11 は，各種摩擦面を持つ接合部の荷重-すべり量曲線の例を示している．なお，この例は，ボルトのすべり耐力で接合部耐力が決まるように設計された継手に関するものである．

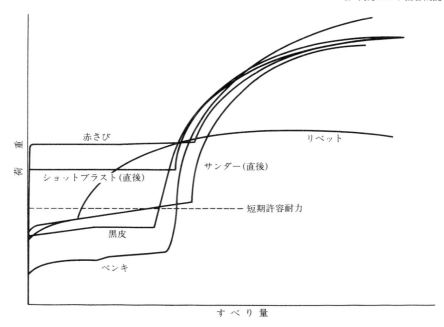

図 1.11 各種摩擦面を持つ接合部の荷重-すべり量曲線

設計上必要とされる摩擦面のすべり係数は，一般的には 0.45 以上であるが，軽量形鋼構造[5]の場合には 0.23 以上であり，溶融亜鉛めっき構造[6]の場合には 0.4 以上である．しかし，鋼材に種々の表面処理を施す場合を考えると，表面状態に応じたすべり係数を設定することが望ましい．本会「鋼構造接合部設計指針」では，種々の表面処理に対してすべり係数を与えている．

1.3 引張接合

1.3.1 応力伝達機構

高力ボルト引張接合は，高力ボルトの軸方向の応力を伝達する接合方法であり，摩擦接合と同様，高力ボルトを締め付けて得られる材間圧縮力を利用して応力を伝達するものであるが，その伝達機構は，摩擦接合とは本質的に異なっている．引張接合の特徴は，作用外力がボルトの締付け力によって生じている材間圧縮と釣り合うので，外力が作用したときのボルトの張力変動が少なくなり，疲労耐久性に優れた接合形式である．

建築に使用される引張接合の形態は，図 1.12 に示すようなさまざまなものがあるが，これらの力学的性状は本質的には同じであり，接合部の性状は，締め付けられたボルトのばね定数[脚注1]と板のばね定数[脚注2]および被接合材の変形の相互の関係によっている．

以下に，引張接合における応力伝達機構の原理の基本的な性質を単純化したモデルを用いて述べる．

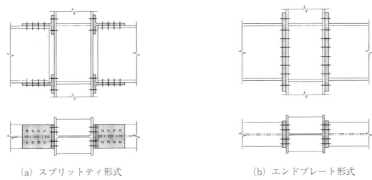

(a) スプリットティ形式　　　　　　(b) エンドプレート形式

図 1.12　引張接合の例

脚注

1) ボルトのばね定数については，ボルト張力-伸び曲線の弾性域の直線勾配から，図注1の寸法記号を用いて，実験的に次の関係が与えられている[i),ii)]．

(式) $\dfrac{1}{K_b} = \dfrac{l_1}{EA_b} + \dfrac{l_n + l_e}{EA_e} \approx \dfrac{L}{EA_b}$

ただし

A_b：ボルト軸断面積
A_e：ボルトねじ部有効断面積
E：ヤング係数
$l_e \approx 0.6 l_H$

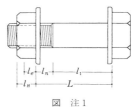

図　注1

2) 板のばね定数については，従来，明確な評価式はなく，便宜的なものとして，図注2の (a) ～ (e) に示す円筒に置換して計算する方法が提案されている．これらは，いずれも正確な根拠のあるものではない．この問題に関してはさまざまな理論解析が行われ，これらとは違うものも提唱されているが[iii),iv)]，いまだに定説はない．

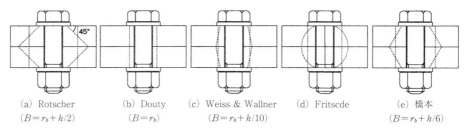

(a) Rotscher　　(b) Douty　　(c) Weiss & Wallner　　(d) Fritscde　　(e) 橋本
$(B = r_b + h/2)$　$(B = r_b)$　$(B = r_b + h/10)$　　　　　　　$(B = r_b + h/6)$

図　注2　板のばね定数を求めるための等価円筒モデル　（B：等価円筒半径，h：板厚，r_b：台座径）

i) 高力ボルト接合の現状と今後の課題，JSSC, Vol.2, No.12, 1966
ii) 高力ボルトの引張接合について，JSSC, Vol.3, No.64, 1967
iii) 藤本盛久，橋本篤秀：高力ボルト引張り接合に関する研究，第1部，板のバネ定数設定の為の軸対称三次元弾性理論解析（その1，その2），日本建築学会論文報告集，第164号，1969.10，第165号，1970.11
iv) 尾田十八，柴原正雄：ボルト締付部の圧力分布とばね定数について，金沢大学工学部紀要，6巻3号，1971

図 1.13 のように 1 本の高力ボルトで締め付けた 2 枚の板を想定し,ここに,ボルトの軸方向の外力がボルト軸心に作用した場合を考える.まず,ボルトを締め付けると,ボルトは伸び,板は圧縮ひずみを生じる〔図 1.13 (a)〕.ここでボルトの伸び量を ΔL_b,板の縮み量を ΔL_p とすれば,その時のボルト張力 N_i,材間圧縮力 C_i は (1.3) 式で表される.

$$\left.\begin{array}{l} N_i = K_b \cdot \Delta L_b \\ C_i = K_p \cdot \Delta L_p \end{array}\right\} \tag{1.3}$$

N_i :ボルト締付け時のボルト張力

C_i :ボルト締付け時の材間圧縮力

K_b :ボルトのばね定数

K_p :板のばね定数

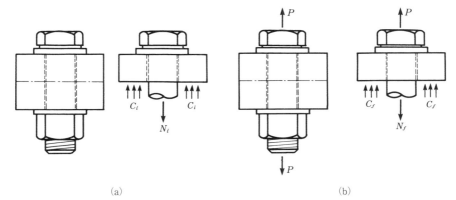

(a)　　　　　　　　　　(b)

図 1.13　引張接合におけるボルト接合部のモデル

ボルトを締め付けたときはボルト張力と材間圧縮力は等しいので,(1.4) 式が成り立つ.

$$N_i = C_i \tag{1.4}$$

次に,図 1.13 (b) のようにボルト頭に軸方向の外力 P が作用すると,ボルトはさらに伸ばされ,板の圧縮変形はこの伸び量に等しい量だけ解除される.その変化量を $\Delta L'$ とすると,このときのボルト張力 N_f,材間圧縮力 C_f の間には (1.5) ~ (1.7) 式の関係が成り立つ.また,この関係を図示すると,図 1.14 となる.

$$N_f = C_f + P \tag{1.5}$$

$$\Delta L' = \frac{N_f - N_i}{K_b} = \frac{C_i - C_f}{K_p} \tag{1.6}$$

$$\left.\begin{array}{l} N_f = N_i + \Delta N = N_i + K_b \cdot \Delta L' \\ C_f = C_i - \Delta C = C_i - K_p \cdot \Delta L' \end{array}\right\} \tag{1.7}$$

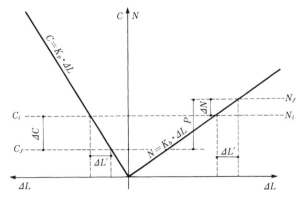

図 1.14 高力ボルトへの作用応力と変形の関係

ここで，ΔN，ΔC は外力 P の作用によって生じたボルト張力・材間圧縮力の変化量である．(1.4)～(1.7) 式を整理すると (1.8) 式が得られる．

$$\left.\begin{array}{l} N_f = N_i + \dfrac{K_b}{K_p + K_b} P \\ C_f = C_i - \dfrac{K_p}{K_p + K_p} P \end{array}\right\} \tag{1.8}$$

これより，外力が作用したときのボルトの付加張力 ΔN は，K_p，K_b の関数となることがわかる．いま，$K_p = \kappa \cdot K_b$ とすると，(1.9) 式が得られ，これより κ が大きければ，ΔN が小さくなることが認められる．

$$\Delta N = \dfrac{P}{1+\kappa} \tag{1.9}$$

一方，外力 P が増加して，$\Delta L'$ が ΔL_p に達すると材間圧縮力はなくなり ($C_f = 0$)，2 枚の板は離間する．このときの外力を一般に離間荷重 (P_{sep}) と称し，これは (1.8) 式において $C_f = 0$ とすれば，次のようになる．

$$P_{sep} = \dfrac{K_p + K_b}{K_p} N_i = \left(1 + \dfrac{K_b}{K_p}\right) N_i = \left(1 + \dfrac{1}{\kappa}\right) N_i \tag{1.10}$$

外力 P が離間荷重を超えると，外力はすべてボルトが負担することになり，$N_f = P$ となる．このようなボルト張力と外力の関係を示したものが図 1.15 である．

外力が作用したときの接合部の変形量は，(1.6)，(1.8) 式より (1.11) 式となる．

$$\Delta L' = \dfrac{P}{K_p + K_b} \tag{1.11}$$

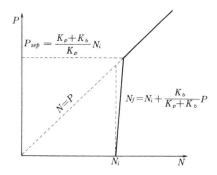

図 1.15 引張接合におけるボルト張力と外力の関係

これと，ボルトだけで外力を負担する場合の変形量 $\Delta L_b'=P/K_b$ と比較すれば，

$$\Delta L' = \frac{K_b}{K_p+K_b}\Delta L_b' = \frac{1}{1+\kappa}\Delta L_b' \tag{1.12}$$

となり，初期導入ボルト張力の存在により，接合部剛性が $(1+\kappa)$ 倍高められることがわかる．

1.3.2 てこ反力

以上で述べたことは，応力の伝達機構の説明を簡単にするため接合部を単純化した状態におけるものであり，外力の作用線がボルト軸心と一致していると仮定している．実際の接合部では，普通は図 1.16 のように外力の作用線とボルト軸心とは一致せず，ボルトは偏心引張の状態となる．そのため，接合板に曲げ変形を生じることによって，いわゆるてこ反力が発生し，力の釣合い式は前述の場合より，いっそう複雑なものとなる．このことは，高力ボルトの引張接合の場合だけに生じる問題ではなく，リベットや中ボルトを用いた引張接合にも当てはまることである．

てこ反力について，ここではその発生の機構を模式的に略述する．その影響を考慮した設計法については，「鋼構造接合部設計指針」2.1.2 項および 4.4.2 項を参照されたい．

図 1.16 (a) に示すように，ティフランジがボルトによって板に固定されている場合にティウェブに引張力 T が作用すると，ティフランジが非常に大きな剛性を有しない限り，図 1.16 (b) のように変形しようとする．しかし，実際には，このフランジは下側が別の板と接しているので，ボルト位置から外側の部分は，はじめの位置より下に変形することができず，結局，図 1.16 (c) に示す状態となる．これは，ティフランジのボルトから外側の部分に図に R で示す上向きの力が働いて，この部分をはじめの位置まで戻していることになる．したがって，ボルトに作用する力には，引張外力 T のほかに，このティフランジ端部をこじあげる力が加わる．このような作用をてこ作用といい，こじあげる力 (R) をてこ反力（Prying Force）と呼んでいる．引張外力の増加に伴って，ボルト締付け部の接触面積は減少し，てこ作用の状態も変化する．ティフランジは，ウェブ取付け位置からボルトのほうに向かって順次離間してゆき，ティフランジ端部まで離間すると，もはやてこ作用はなくなってしまう．このように，てこ作用が介入してくると，外力作用時のボルト張力の変化は複雑化して，同時に接合部の剛性も正確な把握が難しくなる．

てこ作用はティウェブからボルト位置までの距離，すなわち，図 1.16 (a) に示す記号で a が大きいほど，また，同じ a の寸法については b が小さいほど明瞭に現れる．しかし，てこ反力の大きさはこれらの寸法だけでなく，ティフランジの曲げ剛性にも関係し，その上，てこ反力の分布は複雑であり，作用する外力の変化に応じてその応力分布が変化する．このため，てこ作用の定量的な扱いに関していろいろと研究[7]〜[14]が行われている．

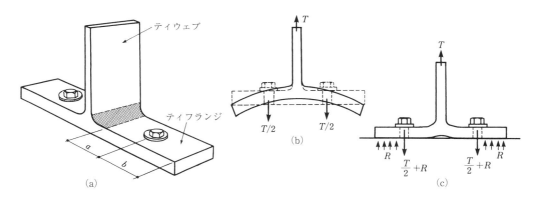

図 1.16　てこ作用とてこ反力

1.4　支圧接合

高力ボルト支圧接合について，「高力ボルト接合設計施工指針」の初版（1972 年）では 1 章を割いて詳述されていたが，使用実績が極めて低くなった状況を踏まえ，1993 年版では高力ボルト支圧接合の章を削除し現在に至っている〔「高力ボルト接合設計施工指針」1993 年版の序　参照〕．しかしながら，かつて支圧接合が許容され現実に施工されていた事実を踏まえ，それを削除した 1993 年版においてもその考え方が掲載されていた．本書においても，その歴史的背景に鑑み，当時の考え方の概要を下記に示しておく．

高力ボルトの支圧接合は，高力ボルトで継手部材を締め付け，部材間に生じる摩擦力と中ボルトのようなボルト軸部のせん断力，および部材の支圧力とを同時に働かせることによって応力を伝達する接合法である．したがって，この接合法のボルト配置は，図 1.9 のような摩擦接合と支圧接合とを協力させた，いわゆるせん断型の分類に入るもので，使用される箇所は多少の条件があるが，すべて摩擦接合と同様である．

継手が現行の設計規準で設計されていると，終局荷重時には，通常，高力ボルトは破断せず，母材が破断する．この現象は，静的荷重時でも繰返し荷重時でも同様で，高力ボルトの強度には相当の余裕がある．そこで長期応力に対しては摩擦接合として設計し，短期応力に対しては，摩擦力のほかにボルト軸のせん断耐力と支圧耐力を加えることが考えられたわけである．支圧接合に用いられるボルトの材質は，摩擦接合用高力ボルトとまったく同じであるが，支圧接合はその形状と施工法によって，ⅰ）高力ボルト支圧接合，ⅱ）みがき高力ボルト支圧接合，ⅲ）打込式高力ボルト接合の 3 種類の接合法に分けられる．

高力ボルト接合の支圧耐力はリベットやボルト接合の場合と異なり，接合部材は高力ボルトの締

付け力によって強く締め付けられているので，支圧力を受ける孔壁では3軸応力状態となり，リベットや中ボルト接合の締付け力のない場合の支圧耐力より大きな値となることが期待される[脚注1]．

摩擦接合の場合には，継手部材の板厚にあまり関係がないが，支圧接合では，ボルトのせん断耐力に比べて，板厚の比較的厚いものに用いるとその有利性が顕著になってくる．支圧接合の施工上の問題点も種々あるが，摩擦面の処理，ボルトの取扱いなどは，摩擦接合の場合と同じと考えてよい．

現在，高力ボルト支圧接合は土木構造物に一部利用されている[脚注2]が，建築ではほとんど利用されていない．建築基準法施行令の定めるところによれば，接合部のボルトをボルト軸のせん断と板の支圧によって外力に抵抗させる場合には，ボルトの材質が高張力鋼であっても，中ボルトと同じ取扱いを受けなければならない[脚注3]．すなわち，現段階では，高力ボルトは，摩擦接合と引張接合に用いる場合以外には，その高強度性を発揮できないことになっている．したがって，高力ボルト支圧接合，みがき高力ボルト支圧接合および打込式高力ボルト接合の三者ともに，これを使用するためには，建築基準法による国土交通大臣の認定を受けなければならない．

脚注
1) 高力ボルト接合においても，終局荷重時には摩擦力は大きく低下してリベット接合並みの支圧耐力となるため，支圧耐力のみを考慮して許容耐力を決めてもよい．しかし，変形の大きくない範囲では，摩擦力がかなり残存していること，3軸応力状態となることを考慮してリベット接合の支圧耐力よりも許容耐力を大きくすることが可能である．
2) 「道路橋示方書・同解説 II鋼橋編」に一応許容応力度は与えられているが，同書の7.3節「高力ボルト継手」に「支圧接合の研究はある程度進んでいるが，わが国の橋梁での施工例はまだ少なく，今後なお慎重な施工と研究を重ねる必要がある」と記されている．
3) 「鋼構造設計規準」によっても，5章許容応力度，表5.2「ボルトおよび高力ボルトの許容応力度」中の「その他の強度ボルト」の許容せん断応力度 $F/(1.5\sqrt{3})$ の F の値は表5.1「F の値」に示すものであって，建設省告示第2466号に示される F8T・F10T に関する基準強度を意味するものではない．また，高力ボルトをせん断力に抵抗させる場合には，部材の摩擦力によって応力を伝達する場合のみが規定されている．

参 考 文 献

1) 五十嵐定義，脇山広三，蔵田栄治郎，巽昭夫：熱履歴をうけた高力ボルト接合部に関する実験的研究（その一 機械的性質実験），日本建築学会大会学術講演梗概集（構造系），pp.1203-1204, 1976.8
2) 五十嵐定義，脇山広三，蔵田栄治郎，巽昭夫：熱履歴をうけた高力ボルト接合部に関する実験的研究（その二 残留軸力試験），日本建築学会大会学術講演梗概集（構造系），pp.1205-1206, 1976.8
3) 日本鋼構造協会接合小委員会：鋼構造接合資料集成（リベット接合，高力ボルト接合）II編，第7章，技報堂出版，1977
4) J. J. Wallaert, J. W. Fisher：Shear Strength of High-Strength Bolts, Lehigh University, Fritz, TC-288.20, No. 1822, 1964.1
5) 日本建築学会：軽鋼構造設計施工指針・同解説，2002
6) 溶融亜鉛めっき高力ボルト技術協会：溶融亜鉛めっき高力ボルト接合設計施工指針，2010
7) R. T. Douty, W. McGuire：High Strength Bolted Moment Connection, ASCE, Vol.91, No.ST4, 1965.4
8) 日本鋼構造協会 接合小委員会 引張ボルト接合班：高力ボルトの引張接合について，JSSC, Vol.3, No.25, 1967
9) 加藤勉，田中淳夫：高力ボルト引張接合に関する実験的研究（その2. 単純引張力をうける接合部の性状），

日本建築学会論文報告集，第 147 号，pp.33-41，1968.5
10) 加藤勉：高力ボルト引張接合部の設計式（スプリット T 接合），JSSC，Vol.5，No.46，1969
11) AISC．Manual of Steel Construction（7th Edition）"Moment Connections."
12) 藤本盛久，橋本篤秀：高力ボルト引張り接合に関する研究，第 2 部，Split-Tee 形引張り接合の解析（その 1，その 2），日本建築学会論文報告集，（その 1）第 190 号，pp.112-1122，1971.12，（その 2）第 191 号，pp.1123-1124，1972.1
13) 田中尚，田中淳夫：高力ボルト引張接合の設計式について，JSSC，Vol.11，No.120，1975
14) R. S. Nair, P. C. Birkemore, W. H. Munse：High Strength Bolts to Tension and Prying, ASCE, ST2, 1974.2

2. 設　　　　計

2.1　基本事項
2.1.1　許容応力度設計と終局状態設計

　現在の鋼構造物の接合部設計においては，許容応力度設計と2次設計における保有耐力接合の検討の2段階の設計が行われている．高力ボルト接合部の許容応力度設計では，高力ボルトの耐力としてせん断型の接合部ではすべり耐力，引張型の接合部では離間耐力として得られる降伏耐力を設計の基準としており，被接合材については長期または短期の許容耐力を基準としている．これに対し，保有耐力接合の検討においては，高力ボルト接合部の終局状態を想定しており，接合部については高力ボルト，被接合材ともにそれぞれの材料の引張強さに基づいた最大耐力を，設計の基準となる被接合材についてはその全塑性耐力を用いることとなっている．したがって，以下においては，これら2段階のレベルにおける接合部耐力とそれぞれに対応する設計法について述べる．

2.1.2　高力ボルトの耐力
1) すべり耐力

　高力ボルト摩擦接合部におけるボルト1本あたりのすべり耐力 R_s は，(2.1)式で与えられる．

$$R_s = m \cdot \mu \cdot N_i \tag{2.1}$$

　　　　m　：せん断面の数
　　　　μ　：接合面のすべり係数
　　　　N_i　：初期導入ボルト張力

　すべり係数は，接合面の表面処理の状態に応じてさまざまな値となることが従来行われている数多くの実験で確認されており，代表的な値は以下のとおりである．

光明丹塗り	0.15～0.25
亜鉛めっきのまま	0.10～0.30
黒皮のまま	0.20～0.35
みがきはだ	0.20～0.35
酸化炎吹付け面	0.25～0.60
ブラスト処理面	0.40～0.70
浮きさびを除去した赤さび面	0.45～0.70

　従来，標準的な表面処理面とされてきた赤さび面についてのすべり係数の実測値は「鋼構造限界状態設計指針・同解説」[1]の資料2に示されており，多くの試験所において得られた資料数687個の実験データによると，平均値($\bar{x}$)が0.609，標準偏差(σ)が0.053で，変動係数(V)は0.087となっている．この資料を基に，信頼性指標(β)を3.5とした場合の信頼性理論に基づくすべり係数の設

計値を求めると，以下のようになる．

$$\mu = \bar{\mu} \cdot e^{-0.5 \times 3.5 \times 0.087} = 0.609 \times 0.859 = 0.522$$

本会の「建築工事標準仕様書 JASS 6 鉄骨工事」[2]では，摩擦接合面の標準的な処理方法として赤さびとショットブラスト処理を採用しているが，その場合も適正な表面処理が行われていれば，すべり係数として 0.5 以上の値が得られるものと考えられる．

一方，欧米[3],[4]においても，SS400，SM490 級の鋼材についてショットブラスト処理を前提としたすべり係数の設計値は 0.5 を採用している．

以上の状況を考えると，わが国でも設計用のすべり係数として 0.5 を採用することについて技術的な問題はないと考えられるが，現在は，建築基準法との整合性などを考慮して 0.45 を採用している．

この他の表面処理を施した場合のすべり係数として，「鋼構造接合部設計指針」[5]では，無機ジンクリッチ塗料塗装面（塗膜厚 45～75μm 程度）に対して 0.45，第 3 種ケレン処理後の黒皮面に対して 0.23，さらに板厚 6 mm 未満の鋼材に対するすべり係数として，構造用鋼材と同様の表面処理を施した場合において 0.23 をそれぞれ規定している．初期導入ボルト張力に大きな値を与えればそれだけすべり耐力は大きくなり，したがって，許容耐力も大きな値を採ることができる．「鋼構造設計規準」[6]では，許容耐力を定めるための基準としての値を「設計ボルト張力」と名付けている．ボルト締付け時のねじり応力の影響，締付け後のリラクセーションの状況等を考慮して，設計ボルト張力 N_0 は，次式のように定められている[5]．

2 種（F 10T）ボルトに対して　　$N_0 = 0.75 F_{by} \cdot A_{be}$　　(2.2)

　　　F_{by}：高力ボルトの降伏強さ（0.2 % offset 耐力の規格下限値）

　　　A_{be}：高力ボルトのねじ部有効断面積

許容耐力の算定のための初期導入ボルト張力の値として設計ボルト張力を用いているので，施工に際しては，必ずその値を確保しなければならない．施工時にボルトに導入される張力はある程度のばらつきを持っているので，この点を考慮して設計ボルト張力の 10 % 増しの値である「標準ボルト張力」を目標値として締め付けることとなっている．設計ボルト張力と標準ボルト張力の値を表 2.1 に示す．

表 2.1 高力ボルトの設計ボルト張力と標準ボルト張力（単位：kN）

	高力ボルトの鋼種	ねじの呼び						
		M 12	M 16	M 20	M 22	M 24	M 27	M 30
設計ボルト張力	F 10 T	56.9	106	165	205	238	310	379
標準ボルト張力	F 10 T	62.6	117	182	226	262	341	417

現行の「鋼構造設計規準」では，設計に用いるすべりに対する許容耐力 R_{sa} は，すべり耐力を安全率 ν で除したものとしている．

$$R_{sa} = m \cdot \mu \cdot N_i / \nu \tag{2.3}$$

　ここで，接合面を赤さび面またはショットブラスト面とする前提のもとにすべり係数は 0.45 を採用し，初期導入ボルト張力として設計ボルト張力 N_0 を用いている．また，すべりに対する安全率 ν は，短期荷重時において 1.0，長期荷重時において 1.5 としている．なお，「鋼構造設計規準」では許容応力度設計法に基づいて規定が定められているため，高力ボルト接合についても，(2.3) 式において $\mu = 0.45$，$N_i = N_0$ として与えられる許容耐力を高力ボルトの軸断面積 A_{bs} で除した値，すなわち，(2.4) 式で与えられる f_{bs} を高力ボルトの一面せん断 ($m = 1$) に対する軸断面積あたりの許容応力度として規定している．

$$f_{bs} = \frac{R_{sa}}{A_{bs}} = \frac{0.45 N_0}{\nu \cdot A_{bs}} \tag{2.4}$$

　そして，許容応力度の算定の際，有効数字 2 桁で表示するため，安全側の丸めを行っており，そのようにして定めた長期許容応力度の値が表 2.2 に示されている．

表2.2　高力ボルトの長期許容応力度（単位：N/mm²）

高力ボルトの鋼種	引張	せん断
2種（F 10T）	310	150

　せん断力に対する許容応力度はすべり耐力に基づくものであるが，表 2.3 に示す高力ボルト 1 本あたりの許容耐力はすべり係数 0.45 を用いて (2.3) 式で算定するのではなく，表 2.2 に示す許容応力度にボルトの軸断面積 A_{bs} を乗じる形を採っているため，許容耐力から逆算した設計用すべり係数は 0.42 程度となる．したがって，許容応力度設計法で用いられる高力ボルト 1 本あたりの許容耐力は，表 2.3 に示す値となる．なお，「鋼構造接合部設計指針」が示すすべり耐力は，すべり係数 0.45 に基づいて算出された値であり，表 2.3 に示す許容耐力よりもわずかに大きな値となっている．

表2.3　高力ボルトの許容耐力（1本あたり単位：kN）

高力ボルトの鋼種	ねじの呼び	長期許容耐力			短期許容耐力		
		1面摩擦	2面摩擦	引張	1面摩擦	2面摩擦	引張
F 10T	M 12	17.0	33.9	35.1	25.4	50.9	52.6
	M 16	30.2	60.3	62.3	45.2	90.5	93.5
	M 20	47.1	94.2	97.4	70.7	141	146
	M 22	57.0	114	118	85.5	171	177
	M 24	67.9	136	140	102	204	210
	M 27	85.9	172	177	129	258	266
	M 30	106	212	219	159	318	329

2) 離間耐力

一般に N_i なる初期導入ボルト張力を与えて鋼板を締め付けた高力ボルトにボルト軸方向の引張力が作用した場合，ボルト張力 N と作用力 P との間の関係は，図2.1に示すようになる．ボルトで締め付けた鋼板が剛体であるならば，P と N の関係は，図中の破線 abcu で示されるものとなる．すなわち，作用力 P がボルトの初張導入ボルト張力 N_i より小さい場合（$P<P_{Ni}$，P_{Ni}：$P=N_i$ のときの作用力）には，作用力は材間圧縮力と打ち消し合ってこれを減少させる形で応力伝達が行われるため，ボルトに生じる付加張力は0であり，P が P_{Ni} に達すると（図2.1のb点）接合面の材間圧縮力は0となって，接合面は離間する．それ以降は作用力はすべてボルトが負担することになり，ボルト張力は $P=N$ の直線 bcu に沿って増加し，u点に達して破断する．

しかし，実際にはボルトで締め付けられている鋼板は剛体ではなく弾性体であるため，作用力の増加に伴って弾性変形を生じ，その結果，ボルト張力も増加することになり，P と N の関係は図中の実線 ascu で表されるものとなる〔1.3節参照〕．すなわち，作用力 P が P_{Ni} よりやや小さい荷重 P_s 以下である場合には，作用力のほとんどが材間圧縮力を解除する力となり，ボルトの付加張力は微少で，ボルト張力と作用力の関係は，直線 ab に接近した直線 as で表されるものとなる．この範囲ではボルトの張力の変化は可逆的であり，作用力を除荷するとボルト張力は a 点に戻り，ボルトの引張力に変化は生じない．作用力の増加によりボルト張力が s 点を超えると，ボルト張力と作用力の関係は sdc に示すような曲線的なものとなる．これは，この範囲では材間圧縮力がかなり小さくなっているため，被接合材の材間圧縮力分担部分の面積が徐々に減少し，その部分のばね定数が小さくなったことによるもので，現象的に見ると，s 点付近から離間が始まり c 点に到って完全に離間を生じると考えられる．作用力 P が P_s を超えると，ボルト張力の変化は不可逆的となる．例えば，d 点で除荷するとボルト張力は e 点に戻り，ae に相当する分だけ初期導入ボルト張力より低下する．さらに，c 点付近から除荷すれば，ボルト張力は f 点に戻る．このように，除荷する前の作用力が大きいほど除荷後のボルト張力の低下量は大きくなる．これは，一度離間した後では，その後の除荷によって再び接合面に材間圧縮力が生じるとしても，接触面に多少の変化が起こることによるものと考えられる．

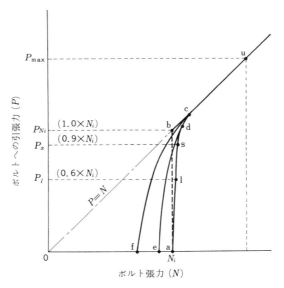

図2.1 引張接合における作用力とボルト張力の関係

　以上に述べた高力ボルト引張接合部の基本的な挙動を考慮すると，初期導入ボルト張力の保持ならびに接合部の剛性を保持するためには，ボルトに作用する力を図2.1のs点に対応する値P_s以下とするのがよいことがわかる．この場合には，接合部の剛性は極めて高く良好な接合部性状が期待できる．このような観点から，s点に対応する荷重P_sを設計上の離間荷重と考え，引張接合における降伏耐力，すなわち短期許容耐力とする．長期許容耐力は，その1/1.5となる．これまでに行われた多くの実験により，P_sはボルトの初期導入ボルト張力の90％程度であることが確かめられている．したがって，高力ボルト引張接合における設計上の離間荷重は，(2.5)式で与えられる．

$$R_{sep} = 0.9 N_i \tag{2.5}$$

　(2.5)式において，初期導入ボルト張力N_iの代わりに設計ボルト張力N_0を用いると，短期許容耐力R_{ta}が次式のように得られる．

$$R_{ta} = 0.9 N_0 \tag{2.6}$$

　なお，前述のように，現行の「鋼構造設計規準」では，(2.7)式で示すように許容応力度はボルトの軸断面に対して与えているため，許容引張応力度f_{bt}は，この短期許容耐力R_{ta}をボルトの軸断面積A_{bs}および安全率νで除して安全側の丸めを行って定めている．ここで，離間に対する安全率は，短期荷重時において1.0，長期荷重時において1.5としている．

$$f_{bt} = \frac{R_{ta}}{A_{bs}} = \frac{0.9 N_0}{\nu \cdot A_{bs}} \tag{2.7}$$

　このようにして定められた長期荷重時の許容応力度が表2.2に，その値に軸断面積を乗じて定めた高力ボルト1本あたりの許容引張耐力が表2.3に示されている．なお，M 12においては，ボルトのねじ部有効断面積A_{be}と軸部断面積A_{bs}の比が0.75とその他の径のボルトにおける値の

0.78～0.80 に比べて小さいため，降伏耐力（短期許容耐力）が，(2.6) 式から定めた離間耐力よりいくぶん大きくなる矛盾が生じている．なお，「鋼構造接合部設計指針」が示す離間耐力は (2.6) 式であり，表 2.3 に示す耐力よりも M 12 ではいくぶん小さめ，M 16 以上ではいくぶん大きめの値となっている．

3) 最大耐力

高力ボルト 1 本あたりのせん断力および引張力に対する最大耐力は，それぞれ (2.8)，(2.9) 式で表される．

$$R_{su} = m \cdot A_{bs} \cdot \tau_{bu} \tag{2.8}$$

$$R_{tu} = A_{be} \cdot \sigma_{bu} \tag{2.9}$$

ここで，τ_{bu} は高力ボルトのせん断強さであり，σ_{bu} は高力ボルトの引張強さである．

既往の実験研究によれば，高力ボルトのせん断強さ τ_{bu} は，せん断面がボルト軸部にある場合とねじ部にある場合では異なっており，F 10T 級のボルトでは前者は $0.6\sigma_{bu}$ 程度，後者は $0.5\sigma_{bu}$ 程度となっている[7]．一般に高力ボルト接合部では，ボルト自体が高強度であるため，ボルトがせん断破壊するのは被接合材の板厚がかなり厚い場合であり，高力ボルトねじ部の長さと締付け材の厚さの関係から考えて，接合部のせん断面がボルトのねじ部にかかることは少ない．一方，高力ボルトでさまざまな厚さの鋼板を締め付けてボルトをせん断破壊させた実験結果によれば，その最大耐力の実験値 $_eQ_u$ を計算値 $_cQ_u = 0.62n \cdot m \cdot A_{bs} \cdot F_{bu}$ と比較すると，$_eQ_u/_cQ_u$ の平均値は 0.99，標準偏差は 0.037 となり，両者は極めてよい一致を示していることが認められる[1]．このような状況を考慮して，高力ボルトのせん断および引張に対する設計用の最大耐力を (2.10)，(2.11) 式で与えることとし，それらの値を表 2.4 に示している．

$$R_{su} = 0.60m \cdot A_{bs} \cdot F_{bu} \tag{2.10}$$

$$R_{tu} = A_{be} \cdot F_{bu} \tag{2.11}$$

ここで，F_{bu} は高力ボルトの引張強さの規格下限値，A_{bs} は高力ボルトの軸部断面積，A_{be} は高力ボルトのねじ部有効断面積である．

なお，一般の設計において，許容耐力算定の例に見られるようにボルトの軸断面積 A_{bs} を基準として耐力計算を行う場合には，(2.11) 式を (2.12) 式に書き換えた耐力式を用いてよい．

$$R_{tu} = 0.75 A_{bs} \cdot F_{bu} \tag{2.12}$$

高力ボルトにおいては，M 12 を除くサイズで $A_{be} = 0.78 A_{bs}$ 以上となっているが，耐力式として多少の安全を見て，(2.12) 式では $A_{be} = 0.75 A_{bs}$ としている．参考のため，高力ボルトのねじ部有効断面積 A_{be} と軸断面積 A_{bs} の値を表 2.5 に示す．

表2.4 高力ボルトの最大耐力（1本あたり　単位：kN）

高力ボルトの鋼種	ねじの呼び	最大耐力		
		1面摩擦	2面摩擦	引張
F 10T	M 12	67.9	136	84.0
	M 16	121	241	157
	M 20	188	377	245
	M 22	228	456	303
	M 24	271	542	353
	M 27	343	686	459
	M 30	424	848	561

表2.5 ボルトねじ部の有効断面積および軸部の断面積（単位：mm²）

ねじの呼び	M 12	M 16	M 20	M 22	M 24	M 27	M 30
有効断面積 A_{be}	84.3	157	245	303	353	459	561
軸断面積 A_{bs}	113	201	314	380	452	572	707
A_{be}/A_{bs}	0.745	0.781	0.780	0.797	0.781	0.802	0.793

引張力とせん断力を同時に受ける高力ボルトの最大引張耐力 R_{tu}^* および最大せん断耐力 R_{su}^* の組合せは，(2.13) 式による．

$$\left(\frac{R_{tu}^*}{R_{tu}}\right)^2 + \left(\frac{R_{su}^*}{R_{su}}\right)^2 = 1 \tag{2.13}$$

2.1.3　高力ボルトの配置

接合部における高力ボルトの配置は，各ボルトが設計どおり有効に働くよう設計者が適切に決めるものであるが，接合部における応力の伝達状況，接合部の安全性およびボルトの締付け作業などの点を考慮して，いくつかの制限が設けられている．

応力方向の高力ボルト孔中心間の距離（ピッチ）については，最小値がボルトの公称軸径の 2.5 倍と定められている．しかし，より円滑な応力の伝達を図るためにはこれよりいくぶん大きめのほうがよいと考えられ，表 2.6 に示す標準ピッチが定められている．実際の設計においては，接合部の長さがあまり大きくなりすぎることを避けるため，これらの中間的な値を採用することが多い．

一方，組立圧縮材を構成する部分に用いる高力ボルトの間隔の最大値は，局部座屈防止の観点から，集結材片中の最小板厚の $0.73\sqrt{E/F}$ 倍以下，かつ 300 mm 以下となっている．

高力ボルト孔の中心から被接合材の縁端までの距離の最小値（最小縁端距離）は，表 2.7 に示すように決められている．これはボルトを介しての応力伝達が円滑に行われることと同時に，ボルトが十分な耐力を発揮する以前に，この部分で被接合材が破断することを防止するための規定である．なお，引張材の接合部において，はしぬけ破断を防止する意味で，せん断力を伝達するボルト

が応力方向に3本以上並ばない場合には，端部ボルト孔中心から応力方向の材端までの距離（はしあき）は高力ボルト公称径の2.5倍以上とすることが「鋼構造設計規準」に規定されているが，はしぬけ破断耐力を検討している場合は，この規定に従わなくてもよい．また，縁端距離があまり大きくなりすぎるとその部分で添板が反ったり，すき間ができたりするおそれがあるので，高力ボルトの頭側またはナット側でボルトセットが直接接触する材の板厚の12倍かつ150 mmを縁端距離の最大値として規定している．

表 2.6 ボルトピッチ（単位：mm）

ボルトの軸径		12	16	20	22	24	27	30
ピッチ	標準	50	60	70	80	90	100	110
	最小	30	40	50	55	60	70	75

表 2.7 最小縁端距離（単位：mm）

ボルトの軸径	縁端の種類	
	せん断縁・手動ガス切断縁	圧延縁・自動ガス切断縁・のこ引き縁・機械仕様縁
12	22	18
16	28	22
20	34	26
22	38	28
24	44	32
27	49	36
30	54	40

2.1.4　高力ボルトの孔径

　高力ボルトの標準的な孔の径は，表2.8による．高力ボルト接合部には大きな材間圧縮力が与えられており，摩擦接合であれ引張接合であれ，その材間圧縮力を利用して応力の伝達が図られるので，2～3 mm程度のクリアランスがあっても，すべり耐力や離間耐力にほとんど影響は生じない．一方，鉄骨部材の組立ての状況や組み上がった骨組の建方精度を考慮すると，ボルト孔として大きすぎる値を採用することは望ましくない．このような状況から判断しても，表2.8に示された孔径は妥当である．また，接合部の最大耐力の算定において，ボルト孔径は重要な意味を持っており，孔径が規定値より0.5～1 mm程度大きくなっただけでも，ボルト孔の径と常用寸法の部材幅との比率（断面欠損率）と鋼材の降伏比との関係から，ボルト孔による断面欠損を考慮した接合部の最大耐力が被接合材の全塑性耐力を下回ることが起こり得るので，梁継手や筋かい材の接合部では，この点を十分認識しておかなければならない．

　鋼板耐震壁の骨組への取付け，既存建物と増築部分の接合など特殊な場合には，上記の規定値より大きな，いわゆる拡大孔やスロット孔の採用が必要となる場合が考えられる．このような場合には，状況により導入ボルト張力の大幅な減少が生じ，すべり耐力の低下が予想される．欧米の設計規準では，許容耐力を規定値の70～80％に低減することで拡大孔またはスロット孔の採用を許容

している．わが国では，建築基準法施行令でボルト孔径を表2.8と同様に規定し，拡大孔やスロット孔に関する規定がなかったため，1998年の建築基準法改正以前は，拡大孔やスロット孔は建築基準法第38条による大臣認定を得て使用していた．2000年の改正建築基準法の完全施行後は，38条による認定が失効したこともあって，拡大孔やスロット孔の使用は法的に認められない状況となったが，2003年7月の改正から再び国土交通大臣の認定を得て使用できるようになっている．一方，学術的な面では，1995年に日本鋼構造協会に「高力ボルト孔径検討小委員会」を設けてこの問題を検討することとなり，3年間かけて総数720体の試験体を用いた系統的な実験が行われた[8]．この結果を受けて，本会の「鋼構造接合部設計指針」では，表2.9に示すすべり耐力の低減を前提として拡大孔の適用条件などを提案している．

スロット孔については，導入ボルト張力の減少の程度やすべりが生じた後の構造体への力学的な影響が使用状況によってさまざまであるため，一般的な対応を規定できないので，個々のケースによって建築基準法施行令67条の例外規定に基づいた国土交通大臣の評価を受けて使用することとなる．

表2.8 高力ボルトの孔径（単位：mm）

高力ボルトの呼び径 d	孔径
$d<27$	$d+2.0$
$d≧27$	$d+3.0$

表2.9 拡大孔と耐力低減係数

ボルト孔の種類	条件（d：ボルト呼び径（mm））	孔径（mm）	低減係数
拡大孔	$d<24$ $d=24$ $d>24$	$d+4.0$ $d+6.0$ $d+8.0$	0.85

2.1.5 設計細則

高力ボルト接合部の設計においては，接合部における円滑な応力の伝達を図ることが必要であり，個々の接合部の設計にあたって，設計者はこの点を考慮してその詳細を決定することになる．なお，設計上の基本的な項目については，「鋼構造設計規準」等に下記の細則が定められているので，これらに従う必要がある．

1) 軸方向力を伝える接合部においては，軸方向力を受ける材の重心軸と，材の接合に用いる高力ボルト群の重心軸とはなるべく一致させるよう設計し，一致しない場合は偏心による影響を考慮する．

2) 応力方向に並ぶ高力ボルトの数が10本以上となる場合には，応力分担が不均等となる影響を考慮して高力ボルトの許容耐力を多少低減して接合部設計を行う．低減係数の計算方法は，「鋼構造接合部設計指針」の2章に紹介されている．

3) 1つの板要素の接合部に高力ボルトと溶接継目を併用し，高力ボルトを溶接よりも先に締め付けた場合は，それぞれに応力を分担させることができる．この場合，高力ボルトと溶接継目との応力分担は釣合いのよいものとしなければならない．ただし，高力ボルトとボルトを併用する場合には，すべての応力を高力ボルトに負担させる．

なお，設計の際に有効断面率と鋼材の降伏比の関係，はしぬけ破断耐力などに関して適切な検討がなされていれば必ずしも従わなくてもよいが，下記の項目にも配慮することが望ましい．

4) 塑性化する引張材または曲げ材の引張側フランジ等においては，ボルト孔欠損による有効断面率（A_n/A_g）を降伏比よりも大きくする必要がある．通常の設計では，ボルト孔による断面欠損はその断面の25％以内とする．

5) 接合部において応力方向に並ぶボルトの本数が2本以下の場合には，応力方向の縁端距離（はしあき）は，ボルト呼び径の2.5倍以上とする．

2.2 板要素の接合部

2.2.1 許容耐力

高力ボルトで摩擦接合された板要素の接合部は，接合部の基本要素であり，その力学的性状を正しく把握することによって各種の接合部の設計が可能となる．そこで，本節では，その基本性状と関連する設計式について述べる．

高力ボルト摩擦接合による板要素の接合部がさまざまな面内力を受ける場合の許容引張耐力 P_a，許容せん断耐力 Q_a および許容曲げ耐力 M_a は，それぞれ（2.14）式，（2.15）式および（2.16）式による．P_{a2}，Q_{a2}，M_{a2} は，それぞれ母材と添板について検討し，両者の小さい方の値とする．

$$P_a = \min\{P_{a1}, P_{a2}\} \tag{2.14}$$

$$Q_a = \min\{Q_{a1}, Q_{a2}\} \tag{2.15}$$

$$M_a = \min\{M_{a1}, M_{a2}\} \tag{2.16}$$

ただし，

$$P_{a1} = n \cdot R_{sa} \tag{2.17.a}$$

$$P_{a2} = A_n \cdot f_t \tag{2.17.b}$$

$$Q_{a1} = n \cdot R_{sa} \tag{2.18.a}$$

$$Q_{a2} = A_n \cdot f_s \tag{2.18.b}$$

$$M_{a1} = \frac{\sum r_i^2}{r_m} \cdot R_{sa} \tag{2.19.a}$$

$$M_{a2} = Z_n \cdot f_t \tag{2.19.b}$$

記号

n ：板要素を接合している高力ボルト本数

$R_{sa} = f_{bs} \cdot A_{bs}$：高力ボルト1本あたりの許容耐力〔表2.3参照〕

A_n ：ボルト孔欠損を差し引いた母材または添板（2枚の場合はその和）の正味断

面積 = $A_g - A_h$

A_g ：母材または添板（2枚の場合はその和）の全断面積

A_h ：ボルト孔による欠損断面積．一般的にはボルト孔1個についての正味欠損断面積 a_0 のボルト行数倍となる．ただし，ボルトが千鳥配置の場合には，想定破断線に沿い，材縁に近い第1の孔については a_0 を，第2の孔以下については次式で与えられる等価欠損断面 a_e をとり，これらの和とする．なお，応力方向のボルト孔の間隔 b がゲージ g の1.5倍より大きいときは，その位置のボルト孔を通る破断線は考えない〔図2.2参照〕．

$b \leq 0.5 g$ のとき $\quad a_e = a_0$

$b > 0.5 g$ のとき $\quad a_e = (1.5 - b/g) a_0$

f_t ：母材または添板の許容引張応力度

f_s ：母材または添板の許容せん断応力度

r_i ：i 番目のボルト孔中心とボルト群中心との距離

r_m ：ボルト群の中心から最遠位置にあるボルト孔中心とボルト群中心との距離

Z_n ：母材または添板（2枚の場合はその和）の正味断面の断面係数

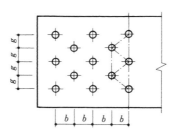

図2.2 千鳥配置のボルト間の寸法と想定破断線

ここで，それぞれ初めの値は高力ボルトの許容せん断応力度による許容耐力であり，後の値は被接合材の有効断面積に基づく許容耐力である．高力ボルト摩擦接合部では，すべりが生じる以前には接合部が密着していて，接合部における応力伝達はこの接合面を介して行われるため，ボルト軸断面のせん断耐力，ボルトとボルト孔の間の支圧耐力等は考慮しなくてよい．また，このような応力伝達機構にあっては，ボルト孔欠損の影響は非常に小さく，許容応力度設計による接合部設計の際，その影響を無視しても構わないのではないかという考え方もある．しかし，実際にボルト孔欠損の影響が問題にならないのは，すべり耐力が被接合材の全断面降伏耐力よりかなり大きく設計されている場合だけである．一般には，すべり耐力は被接合材自体の降伏耐力と同等かやや小さく設計されていることが多く，このような場合には部材の降伏に先立ってすべりが生じることとなり，部材の降伏現象は，ボルト孔欠損を考慮した有効断面に材の降伏応力度を乗じた荷重時に生じる．したがって，一般的な接合部の設計においては，被接合材の降伏耐力はその有効断面に基づいて行うのが妥当である．

2面せん断の高力ボルト摩擦接合では，最外縁にあたる第1ボルトの前面部にも摩擦力が働き，

この部分で母材から添板に応力が一部伝達される．したがって，第1ボルト位置における母材に作用する実応力は，この伝達分を差し引いた応力となる．第1ボルト1本あたりの全摩擦力の30〜40％に相当する摩擦力が第1ボルト前面で伝えられることが知られており，本会「鋼構造接合部設計指針」では (2.17.b) 式に代えて，この摩擦力を高力ボルト1本あたりの全摩擦力の1/3とした (2.20) 式を与えている．(2.20) 式を適用する場合には加えて，母材もしくは添板の引張降伏の可能性を (2.21) 式より確認することとしている．

$$P_{a2} = A_n \cdot f_t + n_r \cdot R_{sa}/3 \tag{2.20}$$

$$P_{a3} = A_g \cdot f_t \tag{2.21}$$

ここで，n_r は想定破断線上のボルト本数である．

高力ボルト摩擦接合による板要素の接合部がその面内にさまざまな組合せ応力を受ける場合には，それぞれの応力の影響を適切に考慮して設計する必要がある．その際，軸方向力とせん断力は接合部のすべてのボルトが均等に分担するものとして，曲げモーメントはボルト群の中心からの距離に応じて，各ボルトが応力を負担するものとして設計するのが原則である．

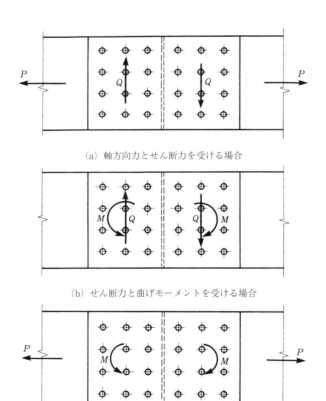

(a) 軸方向力とせん断力を受ける場合

(b) せん断力と曲げモーメントを受ける場合

(c) 軸方向力と曲げモーメントモーメントを受ける場合

図2.3 組合せ応力を受ける板要素の接合部

a) 軸方向力 P とせん断力 Q が同時に作用する場合〔図2.3 (a)〕

接合部の高力ボルトに生じる最大の作用力 R は，(2.22) 式で与えられる．

$$R=\sqrt{R_n^2+R_q^2} \tag{2.22}$$

記号
R_n：ボルト1本あたりの負担軸方向力 $=P/n$
R_q：ボルト1本あたりの負担せん断力 $=Q/n$
n ：片側の接合部のボルト本数

b) 曲げモーメント M とせん断力 Q が同時に作用する場合〔図2.3 (b)〕

接合部の高力ボルトに生じる最大の作用力 R は，(2.23) 式で与えられる．

$$R=\sqrt{R_x^2+(R_y+R_q)^2} \tag{2.23}$$

ここで，R_x，R_y は作用曲げモーメントによってボルト群の中心から最も離れた位置にあるボルトに作用する材軸方向および材軸直交方向のせん断力で，次式による〔図2.4 参照〕．

$$R_x=M\frac{y_m}{\sum r_i^2}, \quad R_y=M\frac{x_m}{\sum r_i^2} \tag{2.24.a,b}$$

梁継手のように曲げモーメントとせん断力の組合せ応力を受ける接合部では，ウェブ接合部のボルトに生じる最大の作用力 R が高力ボルトの許容耐力 R_{sa} と等しくなるときの曲げモーメントが，ウェブ接合部の許容曲げ耐力となる．すなわち，(2.23) 式は次式で表される．

$$R_{sa}=\sqrt{\left(M\frac{y_m}{\sum r_i^2}\right)^2+\left(M\frac{x_m}{\sum r_i^2}+\frac{Q}{n}\right)^2} \tag{2.25}$$

したがって，高力ボルトの許容耐力で決まるウェブ接合部の曲げ耐力 M_a は，次式で求められる．

$$M_a=\frac{\sum r_i^2}{r_m}\left\{\sqrt{(R_{sa})^2-\left(\frac{Q\cdot y_m}{n\cdot r_m}\right)^2}-\frac{Q\cdot x_m}{n\cdot r_m}\right\} \tag{2.26}$$

c) 軸方向力 P と曲げモーメント M が同時に作用する場合〔図2.3 (c)〕

接合部の高力ボルトに生じる最大の作用力 R は，(2.27) 式で与えられる．

$$R=\sqrt{(R_x+R_n)^2+R_y^2} \tag{2.27}$$

上述の記述では，組合せとして，軸方向力 P とせん断力 Q，せん断力 Q と曲げモーメント M，もしくは軸方向力 P と曲げモーメント M を想定しているが，現実には，軸方向力 P と曲げモーメント M とせん断力 Q が同時に作用する場合もある．この場合，接合部の高力ボルトに生じる最大の作用力 R は，(2.28) 式で与えられる．

$$R=\sqrt{(R_x+R_n)^2+(R_y+R_q)^2} \tag{2.28}$$

この組合せ応力に対する設計については，「鋼構造接合部設計指針」2章に詳述されている．

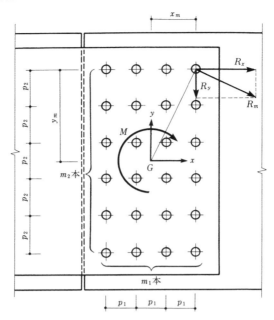

図 2.4 面内曲げを受ける接合部におけるボルトへの作用力

次に，図 2.5 に示すように，高力ボルト摩擦接合による板要素の接合部に面内のせん断力と面外方向の引張力が作用したときの面内せん断力に対する許容耐力を考える．接合部のボルト本数を n 本とし，作用する面内せん断力を Q，面外引張力を T とする．ここで，作用力はすべてのボルトに均等に作用していると仮定する．引張外力 T の作用により，この接合部にはてこ反力が生じる．接合部に生じているてこ反力の合計を R で表すと，接合部のボルト 1 本に作用するボルト軸方向の外力 F は $F=(T+R)/n$ となる．この結果，ボルト張力は外力作用前の初期導入ボルト張力 N_i より大きい値 N_f となり，ボルト 1 本あたりのボルト張力による材間圧縮力 C_f は $C_f=N_f-F$ となる〔1.3 節参照〕．接合材間には，このほか圧縮力としててこ反力が作用しているので，結局，この接合部に面外引張力 T が作用したときの接合部全体に生じている材間の圧縮力 C は，次のようになる．

$$C=n\cdot C_f+R=n\cdot N_f-n\cdot F+R=n\cdot N_f-T \tag{2.29}$$

接合材間の摩擦係数を μ とすれば，このときの接合部の摩擦耐力 R_s は，下式で表される．

$$R_s=\mu\cdot C=\mu(n\cdot N_f-T) \tag{2.30}$$

ここで，ボルト軸力 N_f の代わりに初期導入ボルト張力 N_i を用いれば，(2.30) 式で与えられる摩擦耐力は実際の値より小さいものとなり，安全側の値となる．そこで，初期導入ボルト張力 N_i として設計ボルト張力 N_0 を用いることとすれば，面外引張力 T が作用するときの高力ボルト摩擦接合部のすべりに対する許容耐力は，次式で与えられることになる．

$$R_{sa}{}^{*}=\mu(n\cdot N_0-T) \tag{2.31}$$

許容応力度設計方式に基づいて，高力ボルト 1 本あたりの軸断面積について (2.31) 式を応力度表示すると，下式になる．

$$f_{bst} = f_{bs}\{1 - T/(n \cdot N_0)\} \tag{2.32}$$

引張外力を接合部の全ボルトの軸断面積で除してボルト1本あたりの作用引張応力度 $\sigma_t = T/(n \cdot A_{bs})$ の形で表すと，(2.32) 式は (2.33) 式となる．

$$f_{bst} = f_{bs}(1 - \sigma_t \cdot A_{bs}/N_0) \tag{2.33}$$

ただし，$\sigma_t \leq f_{bt}$

本式中 f_{bs} は，(2.4) 式に示すせん断力のみが作用する場合の許容せん断応力度である．(2.33) 式が，引張力を同時に受ける場合の高力ボルトの許容せん断応力度を表す式である．この式には表現上てこ反力は含まれていないが，本式の誘導過程から明らかなようにその影響は考慮されているので，σ_t の算定に用いる引張外力 T にはてこ反力は含めず，接合部への作用力そのものを用いればよい．なお，引張外力によるボルト軸方向の許容耐力の検討は 2.6.2 項に示すところによるが，その際には同時に作用するせん断力の影響は考慮せず，通常のてこ反力の影響を適切に評価した引張接合部としての検討を行えばよい．

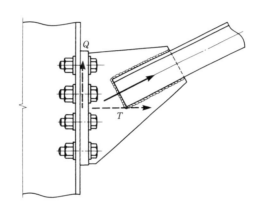

図 2.5　面内せん断力と面外引張力が作用する接合部

本書では，実務の許容応力度設計および保有耐力接合の検討の2段階の設計に対応させて「2.2 板要素の接合部」では「2.2.1　許容耐力」，「2.2.2　最大耐力」の2種類を示している．一方，「鋼構造接合部設計指針」では，接合部が有する耐力として「降伏耐力」，「最大耐力」の2種類を示している．接合部のすべりによる耐力については，本書における許容耐力は，許容応力度に基づいて算定された高力ボルト1本あたりの許容せん断耐力 $R_{sa} = f_{bs} \cdot A_{bs}$ を示している．一方，「鋼構造接合部設計指針」では，許容応力度を用いない高力ボルト1本あたりのすべり耐力 $q_{by} = \mu \cdot N_0$ を示している．許容せん断耐力 R_{sa} の数値は丸め誤差を有するので，すべり耐力 q_{by} に比べて7％程度小さい値となっていることに留意しておく必要がある．また離間耐力についても，本書では許容引張応力度に基づいて算定された高力ボルト1本あたりの許容引張耐力 $R_{ta} = f_{bt} \cdot A_{bs}$ を示しており，許容引張耐力 R_{ta} の数値は丸め誤差を有するので，「鋼構造接合部設計指針」で規定する離間耐力 p_{by} と比較すると，M12ではいくぶん大きめ，M16以上ではいくぶん小さめの値となっていることに留意しておく必要がある．

2.2.2 最大耐力

高力ボルト摩擦接合による板要素の接合部の最大引張耐力 P_u，最大せん断耐力 Q_u および最大曲げ耐力 M_u は，それぞれ（2.34）式，（2.35）式および（2.36）式による．P_{u2}, P_{u3}, Q_{u2}, M_{u2}, M_{u3} は，それぞれ母材と添板について検討し，両者の小さい方の値とする．

$$P_u = \min\{P_{u1}, P_{u2}, P_{u3}\} \tag{2.34}$$

$$Q_u = \min\{Q_{u1}, Q_{u2}\} \tag{2.35}$$

$$M_u = \min\{M_{u1}, M_{u2}, M_{u3}\} \tag{2.36}$$

ただし，

$$P_{u1} = n \cdot R_{su} \tag{2.37.a}$$

$$P_{u2} = A_n \cdot F_u \tag{2.37.b}$$

$$P_{u3} = (A_{nt} + 0.5 A_{ns}) F_u \tag{2.37.c}$$

$$Q_{u1} = n \cdot R_{su} \tag{2.38.a}$$

$$Q_{u2} = A_n \cdot F_u / \sqrt{3} \tag{2.38.b}$$

$$M_{u1} = \frac{\sum r_i^2}{r_m} R_{su} \tag{2.39.a}$$

$$M_{u2} = Z_{pe} \cdot F_u \tag{2.39.b}$$

$$M_{u3} = e_1 \cdot t \cdot F_u \frac{\sum r_i^2}{r_m} \tag{2.39.c}$$

記号

- R_{su} ：高力ボルト1本あたりの最大せん断耐力〔表2.4参照〕
- F_u ：母材または添板の引張強さ
- e_1 ：はしあき．ただし，$e_1 \geqq 12t$ の場合には $e_1 = 12t$
- p ：応力方向の高力ボルトのピッチ
- A_{nt} ：局所的なちぎれ破断のうち，なかぬけ破断またはそとぬけ破断を想定した場合の引張応力の作用する部分の有効断面積．はしぬけ破断の場合は0とする．
- A_{ns} ：局所的なちぎれ破断を想定した場合のせん断応力の作用する部分の有効断面積で，第1ボルト列の孔中心から縁端までの寸法に板厚を乗じた値の，なかぬけ破断およびそとぬけ破断にあっては2倍，はしぬけ破断にあってはボルト行数の2倍とする．ただし，$0.5 \leqq e_1/p \leqq 2.0$ の条件を満足しない場合，はしぬけ破断にあっては，はしあきとピッチの小さい方の値にボルト本数の2倍と板厚を乗じた値とする．
- Z_{pe} ：母材または添板（2枚の場合はその和）の正味断面の塑性断面係数
- t ：母材または添板（2枚の場合はその和）の板厚

高力ボルト摩擦接合による母材の接合部が材軸方向の引張力を受けて破断する場合の通常の破断形式は，高力ボルトのせん断破断によるもの，被接合材のボルト孔を通る有効断面における破断に

よるもの〔図 2.6 (a)〕,局所的なちぎれ破断によるもの〔図 2.6 (b)～(d)〕となる.したがって,このような接合部の最大耐力は,これらの破断形式に対応する最大耐力の最小値となる.また,このような接合部がせん断力を受ける場合,曲げを受ける場合についてもそれぞれ同様な破断形式が考えられるので,それらに対応する最大耐力評価式は,上記のものとなる.

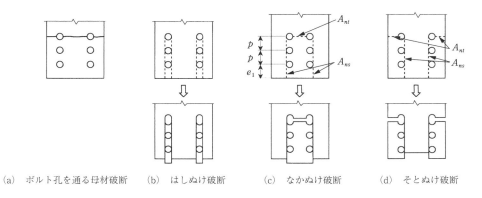

(a) ボルト孔を通る母材破断　(b) はしぬけ破断　(c) なかぬけ破断　(d) そとぬけ破断

図 2.6　材軸方向の引張力を受ける被接合材の破断形式

はしぬけ破断で終局に至った高力ボルト接合部で,はしあきとピッチに極端な差がある場合には,はしあき位置とピッチ位置で同時に被接合材がせん断耐力を発揮しない場合があり〔図 2.7 参照〕,(2.37.c) 式では耐力を過大に評価してしまう場合がある.高力ボルトの配置が $0.5 \leq e_1/p \leq 2.0$ の範囲にある場合には,耐力の過大評価はおおむね 15 % 以下であり,この程度の差であれば,高力ボルトの耐荷機構が摩擦から支圧に移行する段階で残存している摩擦力によって不足分を補えると考えられる.したがって,「鋼構造接合部設計指針」では,高力ボルトの配置が $0.5 \leq e_1/p \leq 2.0$ の範囲にある場合とない場合で A_{ns} の算定を変更することにより,(2.37.c) 式を用いてはしぬけ破断最大耐力を評価できるとしている.なお,詳細については,同指針を参照されたい.

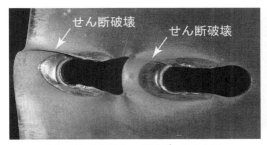
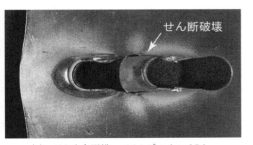

(a) はしあき距離 $e_1=3.8d$,ピッチ $p=3.8d$　　(b) はしあき距離 $e_1=3.8d$,ピッチ $p=2.5d$

図 2.7　高力ボルト接合部の破壊状況[9]

高力ボルト接合部が組合せ応力を受ける場合,最大耐力は,それぞれ組み合わせる応力の影響を適切に評価して算出する.軸方向力 N,せん断力 Q,曲げモーメント M の組合せ応力を受ける接合部の高力ボルトに生じる最大の作用力 R は (2.28) 式より算定でき,その最大作用力 R が高力

ボルトの最大せん断耐力 R_{su}〔表 2.4 参照〕と等しくなったときの曲げモーメントが，組合せ応力を受ける接合部のボルト破断で決まる最大曲げ耐力となる．例えば，梁継手のウェブ接合部のように曲げモーメント M とせん断力 Q を受ける接合では，(2.26) 式の左辺に含まれる R_{sa} を R_{su} に置き換えることで，高力ボルトの破断で決まる接合部の最大曲げ耐力 M_u が算定される．

2.3 併用継手

2.3.1 高力ボルトと溶接との併用

　高力ボルト摩擦接合と隅肉溶接を 1 つの継手に併用する場合,「鋼構造設計規準」では，高力ボルトの締付けを溶接に先立って行うならば，接合部の降伏（許容）耐力として両者の降伏（許容）耐力を加算できるとしている．これは，主すべりを生じる以前の高力ボルト接合部の剛性と隅肉溶接の剛性が近いため累加が可能となるからであり，この点は実験的にも確かめられている．施工順序については，先に溶接を行うと，元ひずみのある板を使ったり，溶接熱によって板が曲がったりしたときに，後から高力ボルトで締め付けても接合面が密着しなかったり，十分な接触圧が得られないことが起こる可能性があるので，比較的板厚の薄い部材の多い建築構造物では，先に高力ボルトを締め付ける場合のみについて累加を認めている．しかし，上記のような可能性がまったく考えられない場合には，締付けと溶接の順序は関係なく，また，溶接による収縮変形や熱の影響を受けないように，高力ボルトの締付けを後にしたほうがよい場合も考えられる．したがって，接合部の条件によっては，実験などにより施工順序，併用効果について検討することが望ましい．

　この種の併用継手については，本会に設けられた併用継手小委員会における一連の実験[10]やその後の研究[11]から，高力ボルトと隅肉溶接の併用継手における累加強度の考え方は裏付けられている．

　高力ボルト摩擦接合と隅肉溶接を併用した継手の最大耐力は，高力ボルトのすべり耐力と溶接部の最大耐力の和として算定する．これは，一般に用いられる高力ボルト接合と隅肉溶接の各接合要素耐力のバランスの範囲では，併用継手全体としての挙動を支配するのは隅肉溶接部であり，隅肉溶接部全体の最大耐力時の変形量が高力ボルト接合部のすべり耐力時の変形量に対応するためである．

2.3.2 高力ボルトとボルトとの併用

　高力ボルトとボルトを併用する場合は，おのおのの継手剛性の差，特に弾性範囲での剛性の差が大きいため，剛性が高い高力ボルトに全応力を負担させることとし，耐力の累加は成り立たない．

2.4 ブレース接合部

ブレース接合部の設計にあたっては，許容応力度設計時においてブレースへの作用力に対し接合部の許容耐力が上回るよう，さらに終局的にはブレースの全断面が十分降伏するまで接合部で破断が生じないように配慮することが必要である．すなわち，下記の2つの条件式を満足するよう設計することが基本となる．

$$_jN_a \geq N_i \tag{2.40}$$

$$_jN_u \geq {_mN_y} \tag{2.41}$$

記号

$_jN_a$ ：ブレース接合部の材軸方向の許容引張耐力

N_j ：許容応力設計時のブレース接合部への材軸方向の作用軸力

$_jN_u$ ：ブレース接合部の材軸方向の最大引張耐力

$_mN_y$ ：ブレース全断面についての引張降伏耐力

(2.41) 式に示した設計基本式は，終局時に部材が降伏して塑性変形しても接合部が破断しないことを確認するためのもので，$_jN_u$ と $_mN_y$ は実際の値 $_jN_{u(a)}$，$_mN_{y(a)}$ を使う必要がある．しかし，設計においては，$_jN_{u(a)}$，$_mN_{y(a)}$ の代わりにそれぞれの公称値 $_jN_{u(n)}$，$_mN_{y(n)}$ を用いるので，設計式としてはそれらの影響を考慮しておく必要がある．すなわち，基本的にいえば (2.41) 式における接合部設計耐力 $_jN_{u(n)}$ を安全率 ν で除し，設計の基準となる被接合材の部材耐力 $_mN_{y(n)}$ に余裕率 ϕ を乗じて (2.42) 式のように表示することとなる．ここで，サフィックス (a) は実勢値を，(n) は公称値を表すこととし，以下においても同様とする．

$$_jN_{u(n)}/\nu \geq \phi \cdot {_mN_{y(n)}} \tag{2.42}$$

しかし，実際には (2.42) 式をさらに (2.43) 式のように書き換えて，設計式における安全率を1つにまとめて考えたほうが便利である．

$$_jN_{u(n)} \geq \alpha \cdot {_mN_{y(n)}} \tag{2.43}$$

ここで，α を接合部係数と呼ぶ．

接合部係数 α の値は接合部設計に関係するさまざまな要因を考慮して定めることになるが，主として，下記のように材料強度に関係する部分とそれ以外の要因に関係する部分に分けて考えることができる．

$$\alpha \geq \alpha_1 \cdot \alpha_2 \tag{2.44}$$

α_1：材料強度（降伏強さ，引張強さ，降伏比など）のばらつきの影響を考慮した係数

α_2：材料強度のばらつき以外の要因による影響を考慮した係数

まず，材料強度のばらつきに関係する α_1 を考える．通常のブレースでは，(2.40) 式におけるおおよその値はブレース自体の許容引張耐力に近い値となるので，はしぬけ等の局所ちぎれ破断が生じないことが確認されていれば，接合部の破断は，被接合材のボルト孔を通る部材の破断によって決まる．したがって，(2.41) 式，(2.43) 式の関係から下式が導かれる．

$$\begin{aligned}_jN_{u(a)}/{_mN_{y(a)}} &= A_{e(a)} \cdot \sigma_u/(A_{g(a)} \cdot \sigma_y) \\ &= {_jN_{u(n)}}/(\alpha_1 \cdot {_mN_{y(n)}}) = A_{e(a)} \cdot F_u/(\alpha_1 \cdot A_{g(a)} \cdot F_y)\end{aligned} \tag{2.45}$$

ここで，A_e はブレースの引張破断に関する有効断面積，A_g はその全断面積，σ_u, σ_y はブレースの引張強さおよび降伏強さの実勢値，F_u, F_y はブレースの引張強さおよび降伏強さの規格下限値（公称値）である．A_e/A_g の実測値と公称値との差は α_2 において考慮されるので，ここではそれらの間に差はないものとすると，上式は次のように書き替えられる．

$$\alpha_1 \cdot \sigma_u / \sigma_y = F_u / F_y$$
$$\therefore \alpha_1 = (F_u/F_y)/(\sigma_u/\sigma_y) = (\sigma_y/\sigma_u)/(F_y/F_u) \tag{2.46}$$

ここで，$\sigma_y/\sigma_u = YR$（降伏比）であるから，α_1 は下記のようになる．

$$\alpha_1 = YR/(F_y/F_u) \tag{2.47}$$

すなわち，α_1 は，ブレースの降伏比の実勢値と F_y/F_u の比として与えられることになる．

α_2 に関連する項目は，$_jN_u$ と $_mN_y$ などの耐力評価式の精度，接合部の施工の信頼性，地震時における作用応力の速度や繰返し応力の影響などさまざまなものが考えられる．例えば，ブレース接合部の設計における耐力評価式の精度について見ると，これは結果的にブレースのボルト孔を通る破断に関する有効断面積 A_e の評価精度にほかならない．したがって，その精度はブレースの断面形状に応じて多少変動するが，これまでに行われた実験結果を見ると，現在提示されている A_e の評価式の精度はかなり良いことがわかっている[1]．また，ブレース接合部における施工性に関しても JASS 6 に従って施工されることを前提としているので，現時点では特に問題となる点は考えられない．その他の要因の影響についてもさまざまな状況が考えられるが，それらの影響を総合的に判断すれば，α_2 は 1.0 程度でよい．

「鋼構造接合部設計指針」では，鋼材の材料強度に関する資料[1]を参考にし，また，繰返し載荷等に起因する若干のひずみ硬化なども考え合わせて，ブレース接合部に対する接合部係数 α として表 2.10 の値を与えている．

表 2.10 ブレース接合部の接合部係数

鋼　種	接合部の最大耐力を決める破壊形式	
	母材，被接合材の破断	高力ボルトの破断
SS 400	1.25	1.30
SM 490	1.20	1.25
SN 400B	1.15	1.20
SN 490B	1.10	1.15

なお，ブレース接合部の設計にあたっては，できるだけ偏心のない接合とすること，ブレースまたはその一部（ブラケット，ガセットプレート）を直接柱梁接合部に溶接接合する場合は，ブレースからの円滑な応力伝達を確保するよう，接合部またはブレースの被接合部分を適切に補剛することなどの配慮が必要である．

ブレース接合部を高力ボルト摩擦接合とする場合，その許容引張耐力 $_jN_a$ は (2.48) 式による．

$$_jN_a = \min\{_jN_{a1},\ _jN_{a2}\} \quad (2.48)$$

ただし，

$$_jN_{a1} = n \cdot R_{sa} \quad (2.49\text{a})$$

$$_jN_{a2} = A_e \cdot f_t \quad (2.49\text{b})$$

記号

- n ：高力ボルトの本数
- $R_{sa} = f_{bs} \cdot A_{bs}$ ：高力ボルト1本あたりの許容耐力〔表2.3参照〕
- A_e ：ブレースまたはガセットプレート（またはブラケット）の有効断面積のうちの小さい方の値．引張ブレースの有効断面積は，一般に引張材の全断面積 A_g からボルト孔による欠損 A_h を控除した値 A_n とするが，山形鋼，溝形鋼，CT 形鋼などで突出脚をもつ場合については，さらに突出脚のせいの 1/2 の部分を無効断面として控除する．ガセットプレートの有効断面積は，ボルトのゲージ線上の最先端のボルト孔中心から両側へ 30 度ずつ開いた線と最終位置のボルト孔中心を通るボルトのゲージ線に対する垂線との交点間の断面積からボルト孔による欠損断面積を控除した値とする〔図2.8参照〕．
- A_n ：ボルト孔欠損を差し引いたブレースの正味断面積　$A_n = A_g - A_h$
- A_g ：ブレースの全断面積
- A_h ：ボルト孔による欠損断面積
- f_t ：被接合材の許容引張応力度

2.2.1項に記したように，高力ボルト摩擦接合においては，最外縁にあたる第1ボルトの前面部にも摩擦力が働く．「鋼構造接合部設計指針」では，2面摩擦の高力ボルト接合のブレースの降伏引張耐力に対してこの効果を考慮した式を与え，加えて母材または添板の引張降伏の可能性を確認することとしている．

$$_jN_{a2} = A_e \cdot f_t + n_r \cdot R_{sa}/3 \quad (2.50)$$

$$_jN_{a3} = A_g \cdot f_t \quad (2.51)$$

ここで，n_r は想定破断線上のボルト本数である．

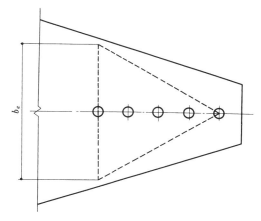

図 2.8　ガセットプレートの有効幅

ブレース接合部を高力ボルト摩擦接合とする場合，その最大引張耐力 $_jN_u$ は，2.2 節の（2.34）式による最大引張耐力と同様であり，次式による．

$$_jN_u = \min\{_jN_{u1},\ _jN_{u2},\ _jN_{u3}\} \tag{2.52}$$

ただし，

$$_jN_{u1} = n \cdot R_{su} \tag{2.53a}$$

$$_jN_{u2} = A_e \cdot F_u \tag{2.53b}$$

$$_jN_{u3} = (A_{nt} + 0.5 A_{ns})F_u \tag{2.53c}$$

（2.53b）式で用いるブレースの有効断面積 A_e については，ブレースの断面が山形鋼や溝形鋼などのように突出脚を持つものであって，接合部では断面の一部しか接合されない場合には，突出脚の一部を除外して評価する必要があることが多くの実験で確認されている．そして，従来は，そのような突出脚の無効断面を接合部の応力方向のボルト本数に応じて表 2.11 に示すものとする簡便な評価法がとられている．この場合，これらの断面を持つブレースの有効断面積は，（2.54）式で表されることになる．

$$A_e = A_g - A_h - A_t \tag{2.54}$$

記号

A_t ：ブレースの突出脚における無効断面積

　　　山形鋼の場合　　　$A_t = h_n \cdot t$

　　　溝形鋼の場合　　　$A_t = 2h_n \cdot t_f$

h_n ：ブレースの突出部の無効部分の長さで，表 2.11 による

h ：ブレース突出脚の長さ

t ：山形鋼の板厚（$=t_1$）

t_f ：溝形鋼のフランジ板厚（$=t_1$）

t_w ：溝形鋼のウェブ板厚（$=t_2$）

表 2.11 (a)　山形鋼の突出脚の無効長さ h_n

応力方向のボルトの本数 n	1	2	3	4	5
h_n	$h-t_2$	$0.7h$	$0.5h$	$0.33h$	$0.25h$

表 2.11 (b)　溝形鋼の突出脚の無効長さ h_n

応力方向のボルトの本数 n	1	2	3	4	5
h_n	$h-t_2$	$0.7h$	$0.4h$	$0.25h$	$0.2h$

　既往の研究から，突出脚を持つブレースの最大引張耐力を算定するための有効断面積は，応力方向のボルト本数以外にも多くの要因が関係することが明らかになっており，(2.54) 式より精度が良く，かつ，いくぶん大きめの値が得られる次式のような評価式が提案されており[12]，これを用いてもよい．

山形鋼　　$A_e = 3.14 A_n \left(1 - \dfrac{0.24}{n'}\right)\left(1 - 0.64\dfrac{w-d}{w}\right)\left(1 - \dfrac{0.24 e_x}{l_1}\right)\left(1 - \dfrac{0.76 e_y}{l_1}\right)\left(1 - \dfrac{0.12 w}{e_2}\right)\left(1 - \dfrac{0.23 h}{w}\right)$

(2.55)

溝形鋼　　$A_e = 3.88 A_n \left(1 - \dfrac{0.15}{n'}\right)\left(1 - 0.71\dfrac{w-d}{w}\right)\left(1 - \dfrac{0.95 e_x}{l_1}\right)\left(1 - 0.48\dfrac{h \cdot t_f}{w \cdot t_w}\right)$ (2.56)

CT形鋼　　$A_e = 1.40 A_n \left(1 - \dfrac{0.13}{n'}\right)\left(1 - 0.13\dfrac{w-2d}{w}\right)\left(1 - \dfrac{0.26 e_x}{l_1}\right)\left(1 - 0.39\dfrac{h \cdot t_w}{w \cdot t_f}\right)$ (2.57)

記号

　n'　：応力方向のボルト本数
　w　：山形鋼，溝形鋼，CT形鋼における接合面の幅
　h　：山形鋼，溝形鋼，CT形鋼における突出部のせい
　d　：ボルト孔径
　e_x　：応力作用線の接合部における面外偏心量
　　　　　ただし，2面せん断形式の接合部では $e_x=0$ とする
　e_y　：応力作用線の接合部における面内偏心量
　e_2　：応力と直角方向の縁端距離
　p　：ボルトのピッチ
　l_1　：継手の長さ　$l_1 = (n'-1)p$

　以上，主としてブレースに引張力が作用する場合の設計法およびそれに関連する耐力評価式につ

いて述べてきた．ブレースが圧縮力によって耐力が決まる場合には，許容応力度設計では引張力を受ける場合と同様の設計を行うことになるが，終局耐力時には（2.43）式による検討は不要となり，部材の最大圧縮耐力より接合部の最大耐力が大きいことを検討すればよいことになる．しかし，現実の地震被害においては，ブレースが接合されるガセットプレートに座屈が生じ，面外方向に変形することで接合部が破壊する事例が多く観察されている．したがって，ガセットプレートの面外剛性が十分でない場合には，スチフナを設けることで，接合部にブレース部材以上の断面2次モーメントを確保する等の配慮が必要である[13]．

なお，制振構造用座屈拘束ブレースの接合部を設計する際は，ブレースの最大軸力に対して接合部を弾性に留める設計が必要であり，「鋼構造接合部設計指針」では，制振構造用座屈拘束ブレース接合部に用いる接合部係数 α を定めている．

以上に示した各種耐力式は，そのままトラス材の接合部にも適用できる．なお，トラス材の接合部設計においては，接合部耐力が常に部材耐力の1/2以上であることを確認する必要がある．ブレースおよびトラスの引張材が鋼管の場合には，その材端接合部の引張耐力は，本会の「鋼管トラス構造設計施工指針」[14]による．

[設計例 1]

L-75×75×6（SS 400）を用いたブレースにおいて，許容応力度設計時にはブレースへの作用力に対し接合部の許容耐力が上回るように，終局的にはブレースの全断面が十分降伏するまで接合部が破断しないように設計する．

使用ボルトは M 16（F 10T）とし，$p=40$ mm，$e_1=30$ mm，$e_2=43$ mm とする．

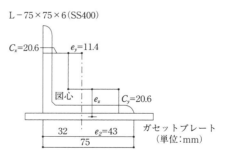

図 2.9 山形鋼ブレースの断面詳細

部材の全断面積　　　　　　　　　　　$A_g=872.7$ mm^2
図心の位置　　　　　　　　　　　　　$C_x=C_y=20.6$ mm
高力ボルトの短期許容耐力（1面摩擦）　$R_{sa}=45.2$ kN/本
高力ボルトの最大せん断耐力（1面せん断）　$R_{su}=121$ kN/本

接合部の短期許容引張耐力

部材の有効断面積　　　$A_e = 872.7 - (75/2 + 18) \times 6 = 539.7$ mm^2

短期許容引張耐力　　　$_jN_a = A_e \cdot f_t = 539.7 \times 235 \times 10^{-3} = 127$ kN

必要ボルト本数　　　　$n = {_jN_a}/R_{sa} = 127/45.2 = 2.81$ 本

高力ボルトを3本以上とすれば，この接合部の短期許容耐力は，ブレースの耐力で決まることとなり，127 kN となる．次に (2.43) 式により，最大耐力の検討を行う．ここでは $\alpha = 1.25$ とする〔表2.10参照〕．(2.43) 式より，必要な最大耐力は次のようになる．

$$_jN_u \geq \alpha \cdot {_mN_y} = \alpha \cdot A_g \cdot F = 1.25 \times 872.7 \times 235 \times 10^{-3} = 256 \text{ kN}$$

(2.55) 式を用いて終局時における山形鋼の有効断面積を求めて接合部の最大耐力を算定すると，下記のようになる．

高力ボルトの本数　4本の場合

$n' = 4$, $w = 75$ mm, $d = 18$ mm, $l_1 = (n'-1)p = 120$ mm, $e_x \simeq C_x = 20.6$ mm, $e_y = 11.4$ mm, $e_2 = 43$ mm, $h = 75$ mm, $A_n = 764.7$ mm^2　より　$A_e = 628.4$ mm^2

∴ $_jN_u = 628.4 \times 400 \times 10^{-3} = 251$ kN

高力ボルトの本数　5本の場合

$n' = 5$, $l_1 = 160$ mm，その他の条件は同上より，$A_e = 655.8$ mm^2

∴ $_jN_u = 655.8 \times 400 \times 10^{-3} = 262$ kN

以上の計算結果から，高力ボルトは5本以上必要となる．

また，表2.11 (a) による略算法による場合の最大耐力を計算すると，以下のようになる．

高力ボルトの本数　4本の場合　　　$A_e = 616.2$ mm^2　∴ $_jN_u = 246$ kN

高力ボルトの本数　5本の場合　　　$A_e = 652.2$ mm^2　∴ $_jN_u = 261$ kN

この場合，最大耐力が多少小さいが，結果は変わらない．

[設計例2]

⊏―200×90×8×13.5 (SS400) を用いたブレースにおいて，許容応力度設計時にはブレースへの作用力に対し接合部の許容耐力が上回るように，終局的にはブレースの全断面が十分降伏するまで接合部が破断しないように設計する．

高力ボルトはM22 (F 10T) を用いる．ボルトは溝形鋼のウェブにゲージ寸法を 90 mm として2列配置とし，ピッチは 80 mm，はしあき寸法は 55 mm とする〔図2.10参照〕．

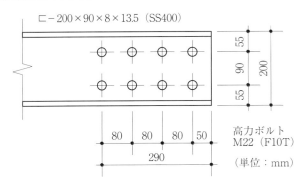

図 2.10 溝形鋼ブレース接合部の詳細

部材の全断面積　　　　　　　　　　　　A_g＝3 865 mm^2
重心の位置　　　　　　　　　　　　　　C_y＝27.4 mm
高力ボルトの短期許容耐力（1面摩擦）　　R_{sa}＝85.5 kN/本
高力ボルトの最大せん断耐力（1面せん断）　R_{su}＝228 kN/本

接合部の短期許容引張耐力
　部材の有効断面積　A_e＝3 865－(2×90×13.5/2＋2×24×8)＝2 266 mm^2
　短期許容耐力　　　$_jN_{a2}$＝$A_e \cdot f_t$＝2 266×235×10^{-3}＝533 kN
　必要ボルト本数　　n＝$_jN_a/R_{sa}$＝532/85.5＝6.23本　→　8本接合とする
次に（2.43）式による最大耐力の検討を行う．ここでは，α＝1.25とする〔表 2.10 参照〕．
$$_jN_u \geq \alpha \cdot {_mN_y} = \alpha \cdot A_g \cdot F = 1.25 \times 3\,865 \times 235 \times 10^{-3} = 1\,135\,\text{kN}$$

(2.56) 式による部材の有効断面積は，次のようになる．

　n'＝4，w＝200 mm，d＝2×24＝48 mm，l_1＝3×80＝240 mm，e_x＝C_y＝27.4 mm，
　h＝90 mm，t_f＝13.5 mm，t_w＝8 mm，A_n＝3 481 mm^2　　∴ A_e＝3 391 mm^2

　高力ボルトの破断による最大耐力　　　　$_jN_{u1}$＝8×228＝1 824 kN
　部材の有効断面における最大耐力　　　　$_jN_{u2}$＝3 391×400×10^{-3}＝1 356 kN
　はしぬけ破断による最大耐力　　　　　　$_jN_{u3}$＝2×{(4－1)×80＋50}×8×400×10^{-3}＝1 856 kN
　局部的ちぎれ破断（なかぬけ破断）による最大耐力
$$_jN_{u4} = \{(90-24) \times 8 + 0.5 \times 2 \times 290 \times 8\} \times 400 \times 10^{-3} = 1\,139\,\text{kN}$$
したがって，$_jN_u$＝min{$_jN_{u1}$, $_jN_{u2}$, $_jN_{u3}$, $_jN_{u4}$}＝1 139 kN
　　　$_jN_u$＝1 139 kN≧$\alpha \cdot {_jN_y}$＝1.25×3 865×235×10^{-3}＝1 135 kN　→　O.K.
ちなみに，部材の有効断面積を表 2.11（b）による略算法で求めると
　　　A_e＝3 856－(2×0.25×90×13.5＋2×24×8)＝2 874 mm^2
となり，$_jN_{u2}$＝1 150 kN となるが，接合部の耐力は必要値を満足する．

[設計例3]
　H－200×200×8×12（SN400）をブレースとした場合のブラケットタイプによる接合部を想定

し，許容応力度設計時にはブレースへの作用力に対し接合部の許容耐力が上回るように，終局的にはブレースの全断面が十分降伏するまで接合部が破断しないように設計する．

高力ボルトは，M 20（F 10T）を 2 面摩擦接合で使う．ボルト配置を図 2.11 に示す．

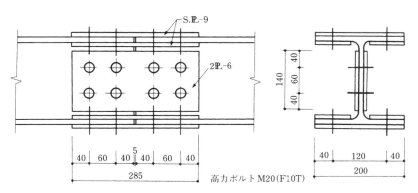

図 2.11 H 形鋼ブレース接合部の詳細

部材の全断面積 　　　　　　　　　　$A_g = 6\,353\ \mathrm{mm}^2$
高力ボルトの短期許容耐力（2 面摩擦）　$R_{sa} = 141\ \mathrm{kN/本}$
高力ボルトの最大せん断耐力（2 面せん断）$R_{su} = 377\ \mathrm{kN/本}$

短期許容引張耐力を求める．

部材の短期許容引張耐力

　　部材の有効断面積　　　　$A_e = 6\,353 - (4 \times 22 \times 12 + 2 \times 22 \times 8) = 4\,945\ \mathrm{mm}^2$
　　部材の短期許容引張耐力　$N_{ey} = A_e \cdot f_t = 4\,945 \times 235 \times 10^{-3} = 1\,162\ \mathrm{kN}$
　　必要ボルト本数の算定　　$n = N_{ey}/R_{sa} = 1\,162/141 = 8.2\ \text{本}$

ボルト配列から考えて，12 本を使うことになる．

高力ボルトを部材の全断面に基づく短期許容引張耐力に対して設計する場合は，

　　部材の短期許容引張耐力　$N_y = A_g \cdot f_t = 6\,353 \times 235 \times 10^{-3} = 1\,493\ \mathrm{kN}$
　　必要ボルト本数の算定　　$n = N_y/R_{sa} = 1\,493/141 = 10.6\ \text{本}$

この場合も 12 本の接合で満足する．

次に（2.43）式による最大耐力の検討を行う．ここで $\alpha = 1.15$ とする〔表 2.10 参照〕．ボルト数は，12 本である．

　　　　$_jN_u \geq \alpha \cdot {_jN_y} = 1.15 \times 1\,493 = 1\,717\ \mathrm{kN}$
　　ボルト破断による最大耐力　　　　$_jN_{u1} = 12 \times 377 = 4\,524\ \mathrm{kN}$
　　部材の有効断面における最大耐力　$_jN_{u2} = 4\,945 \times 400 \times 10^{-3} = 1\,978\ \mathrm{kN}$
　　はしぬけ破断による最大耐力　$_jN_{u3} = \{4 \times (60+40) \times 12 + 2 \times (60+40) \times 8\} \times 400 \times 10^{-3} = 2\,560\ \mathrm{kN}$
　　局所的ちぎれ破断（フランジのそとぬけ破断とウェブのなかぬけ破断）による最大耐力
　　　$_jN_{u4} = [\{4 \times (40 - 22/2) + 4 \times 0.5 \times (60+40)\} \times 12 + \{(60-22) + 2 \times 0.5 \times (60+40)\} \times 8] \times 400 \times 10^{-3}$
　　　　　$= (3\,792 + 1\,104) \times 400 \times 10^{-3} = 1\,958\ \mathrm{kN}$

したがって，${}_jN_u = \min\{{}_jN_{u1}, {}_jN_{u2}, {}_jN_{u3}, {}_jN_{u4}\} = 1\,958$ kN

${}_jN_u = 1\,958$ kN $\geqq \alpha \cdot {}_jN_y = 1.15 \times 6\,353 \times 235 \times 10^{-3} = 1\,717$ kN → O.K.

2.5 梁継手および柱継手
2.5.1 梁継手

梁継手の設計においては，許容応力度設計では接合部の許容耐力が設計用作用応力を上回ることを確認し，終局時に梁の継手が全塑性化領域に位置する場合には，部材が十分塑性化するまで接合部で破断が生じないことを確認する必要がある．したがって，前者の設計においては，設計の対象となるのはその部位における作用応力であり，後者の設計においては，接合される部材の耐力である．これを設計式の形で示すと，次のようになる．

$${}_jM_a \geqq M_j \tag{2.58}$$

$${}_jM_u \geqq \alpha \cdot {}_bM_p \tag{2.59}$$

記号

　　　${}_jM_a$　：接合部の許容曲げ耐力

　　　M_j　：梁継手における設計用作用応力

　　　${}_jM_u$　：接合部の最大曲げ耐力

　　　${}_bM_p$　：梁の全塑性モーメント（$=Z_p \cdot F_y$）

　　　Z_p　：梁全断面の塑性断面係数

　　　α　：継手の接合部係数

表 2.12 継手の接合部係数

鋼　種	継手の最大耐力を決める破壊形式	
	母材，添板の破断	高力ボルトの破断
SS 400	1.25	1.30
SM 490	1.20	1.25
SN 400 B	1.15	1.20
SN 490 B	1.10	1.15

終局時に梁材の塑性変形を確保する必要がある場合には，接合部の最大曲げ耐力が梁材の全塑性曲げ耐力を十分上回るよう設計することになる．梁継手が梁端の塑性化領域にある場合の梁継手の接合部係数 α は，鋼材や高力ボルト強度のばらつきに依存する係数 β と梁端のひずみ硬化による応力上昇を考慮した割増し係数 ξ の関数として与えられる[5]．このような部位にある梁継手においては，通常（2.58）式による耐力検討において，設計用作用応力として梁の降伏曲げ耐力程度の値を用いていることが多く，その場合には，梁継手における破断は，必ず梁材の継手最外端にあるボルト孔を通る欠損断面において生じる．このような場合の β は鋼材の強度のばらつき，それも主として降伏比のばらつきの影響と高力ボルトせん断耐力のばらつきの影響によって決まるので，その

値の設定は，2.4 節のブレース接合部で検討した α の設定と同じ検討経過を辿ることとなる．したがって，2.4 節に示したところに準じて，使用する鋼材，接合方法等に関する資料を用いて適切にその値を定めればよい．

次に，梁端のひずみ硬化による応力上昇を考慮した割増し係数 ξ について検討する．まず終局状態の梁における曲げモーメント分布を逆対称直線分布と仮定する〔図 2.12 参照〕．鉛直荷重の影響などでこの曲げモーメント分布から離れる場合〔図 2.13 参照〕には，梁の左側の梁端部では図 2.12 のような応力勾配はなく，ほとんど全塑性モーメント M_p に近い状態の曲げモーメント分布となる．この場合は，当然梁端における塑性変形能力は，図 2.12 の場合より大きい．したがって，図 2.13 の左側に示した曲げモーメント分布に関しては，梁の塑性変形能力の観点から見れば，図 2.12 の曲げモーメント分布を考えておけば問題はないといえるが，逆は成り立たない．なお，図 2.13 の右側の梁端部では，図 2.12 に示した応力分布より急な勾配の応力分布となるが，このような場合については，以後の検討結果を参考として，状況に応じて設計者が適宜判断する必要がある．梁端付近における梁の十分な塑性変形能力を保証するためには，この部分である程度の塑性化領域を確保しなければならない．このような塑性化領域は，通常梁せいの 1/2 ないし 1 倍程度といわれている．したがって，図 2.12 に示すような応力勾配を有する曲げモーメント分布を考えた場合，このような塑性化領域を確保すると，梁端の曲げモーメントの値は，梁の全塑性モーメント M_p の ξ 倍となる．ξ の値がどの程度になるかは，個々の建物における梁のスパン，梁せいによってかなり異なるはずであり，本来はそのような状況を考慮して ξ の値を決めるべきである．しかし，実際の設計の際に一つ一つその値を決めることは面倒でもあるので，工学的に判断してほぼ妥当と考えられる値を決めておくほうが便利である．そこで，一般的な建物を対象として関連するさまざまな要因を考慮して，梁端における ξ の値として 1.1 を採り，さらに鉛直荷重による曲げモーメントや破断に伴うばらつきを考慮して 0.1 の余力を持たせ，$\xi=1.2$ を標準の値とする．「鋼構造接合部設計指針」では，数多くの柱梁接合部実験から，$\xi=1.2$ に対して塑性率 θ_{max}/θ_p で 5.0 以上確保されることを確認している．また，地震応答解析から，塑性変形倍率 θ_{pmax}/θ_p を 5.0 程度とした場合の梁端の応力上昇率 ξ の上限は，1.2 程度になることが確認されている[5]．なお，実験や解析など個別の検討により評価できる場合には，その結果に基づいて ξ の値を決めればよい．

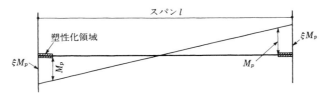

図 2.12　終局時の梁の曲げモーメント分布（1）

図 2.13　終局時の梁の曲げモーメント分布（2）

梁端において $\xi \cdot {}_bM_p$ を想定した場合，継手部における割増し係数は，継手位置に応じて変わってくる．梁における曲げモーメント分布を図 2.12 のように仮定しているので，継手において最も厳しい応力状態になる位置（高力ボルト接合部ではフランジ接合部の梁端に最も近いボルト孔の中心位置となる）と梁端との距離を d とすると，そこにおける曲げモーメントの値は $\xi(1-2d/l) \cdot {}_bM_p$ となる〔図 2.14 参照〕．ここで，l は梁の内法スパンである．終局時に，梁継手の破断は梁端に最も近いボルト孔を通る断面で生じるので，終局状態における梁継手の設計式（2.59）式は，下式のように表される．ここで，梁の曲げモーメント分布が図 2.13 の左側に示すようなものとなる場合を考えれば，（2.60）式の右辺は，常に $\beta \cdot {}_bM_p$ 以上となる．

$$_jM_u \geqq \xi(1-2d/l)\beta \cdot {}_bM_p \quad かつ \quad \beta \cdot {}_bM_p \tag{2.60}$$

「鋼構造接合設計指針」では，継手での塑性変形は小さいことから，$\xi(1-2d/l)=1.05$ を標準として，表 2.12 に示す接合部係数を得ている．

梁継手の設計においては，曲げモーメントはフランジ接合部分およびウェブ接合部分が，せん断力はウェブ接合部分が負担するものとして設計することが多い．現在慣用的に行われている梁継手の設計では，曲げモーメントをフランジ接合部分のみで負担するものと仮定しているが，このような設計を行うと，フランジ接合部分に過大な応力負担が生じることになる．フランジ，ウェブともに高力ボルト摩擦接合とするときは，このような設計法をとると必然的にフランジ接合部分のすべり耐力が梁フランジの耐力に対してある程度の余裕があるように設計されることになり，そこですべりを生じた後でも，フランジ接合部分における変形量は，主としてボルト孔のクリアランスと支圧によるボルト孔の変形で決まることになり，その量はあまり大きくない．この場合，ウェブ接合部分においてすべりが生じてもその変形量はフランジの変形量より小さいので，ウェブ接合部分における破断は避けられる．したがって，このような梁継手では，（2.59）式による最大耐力の検討がなされていれば，ウェブ接合部分における曲げ負担を考慮しなくとも大きな問題はないものと思われる．ただし，梁せいが非常に大きい場合には，ウェブで負担している曲げモーメントもかなり大きくなるので，接合部における円滑な応力伝達を図るためには，ウェブ接合部分でもある程度の曲げモーメントを負担するものとして設計することが望ましい．また，終局状態において，十分な塑性化が必要とされる部位にある梁継手でウェブ接合部分での曲げモーメント負担を考慮していない場合には，梁ウェブからフランジ接合部分への円滑な応力伝達を図るために，応力方向のボルト本数を 3 本以上とすることとし，また，フランジ接合部分の塑性変形能力を確保するために，ボルト孔による断面欠損率を 25 % 以内とすることが望ましい．

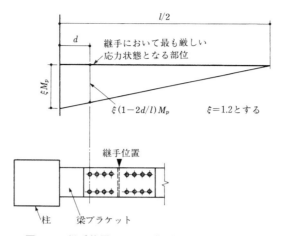

図 2.14 継手位置における曲げモーメントの分布

フランジを完全溶込み溶接，ウェブを高力ボルト摩擦接合とするときにウェブでの曲げモーメント負担を考慮しない設計法をとると，フランジ接合部分とウェブ接合部分の終局状態に至るまでの変形状態と変形量に大きな差があるため，終局時にウェブの高力ボルト摩擦接合部分での過大な塑性変形によってこの部分の破断が先行する形となり，結果的にフランジの溶接接合部分がすべての曲げモーメントを負担しなければならなくなるため，ウェブ接合部分でも適切に曲げモーメントを負担するものとして設計した場合に比べて，フランジ接合部分が早期に破断する可能性がある．特に梁部材の断面せいが大きい場合には，この傾向はより大きく表れるものと思われる．したがって，このような形式の梁継手部の設計においては，ウェブ接合部分でも適切に曲げモーメントを負担するよう設計することが必要である．

以上に述べた設計の基本方針に基づいて，終局限界状態で塑性化すると考えられる部位にある梁継手の具体的な設計手順を示すと，次のようになる．

1) (2.58) 式を満足するよう，許容応力度設計を行う．その際，継手部の設計用曲げモーメントとして，被接合部材の許容曲げ耐力 $_mM_a$ 程度の値を用いることが望ましい．設計用曲げモーメントは，梁材の全断面に対する断面 2 次モーメント(I_0)とウェブ部分の断面 2 次モーメント I_w の比に，ウェブの伝達効率(φ)を考慮し，設計用曲げモーメント(M_j)のうち，$\{1-\varphi(I_w/I_0)\}M_j$ をフランジ接合部分に，$\varphi(I_w/I_0)M_j$ をウェブ接合部分に分けてそれぞれの接合部分を設計する．「鋼構造接合部設計指針」では，ウェブの伝達効率として，$\varphi=0.4$ をとっている．

2) 1) に示した設計条件を満足するよう設計された梁継手について，終局限界状態において，全塑性化領域にある梁継手に作用する設計用曲げモーメントは $M_j=\alpha \cdot {_bM_p}$ であり，検討式 (2.59) 式を満足することを確認する必要がある．梁継手の最大耐力は，フランジ部分とウェブ部分の最大耐力の和として表され，それぞれの部分の最大耐力は，ボルト孔欠損を考慮した正味断面，はしぬけ破断などの局所破断，高力ボルト自身の破断などを考慮して適切に求める〔2.2.2 参照〕．

[設計例 4]

終局時に全塑性化領域にある梁継手を設計する．梁は H-500×200×10×16（SN400）である．梁は内法スパンが 8 m で，梁継手の中心位置は梁端から 900 mm とし，十分に横補剛されているものとする．鉛直荷重によるせん断力 Q_s は，150 kN とする．高力ボルトは M 20（F 10T）を 2 面摩擦で用いる．フランジ添板は PL 16-200×410，PL 16-80×410，ウェブ添板は 2PL 9-210×410，フランジボルトのピッチは 60 mm，フランジのはしあきは 40 mm，ウェブボルトのピッチは 70 mm，ウェブのはしあきは 60 mm とする．

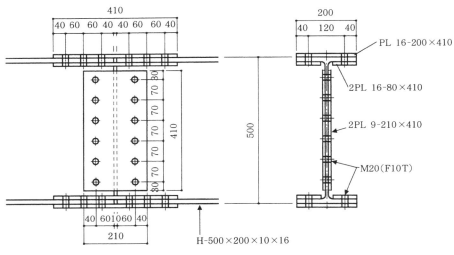

図 2.15　梁継手部の詳細

高力ボルトの短期許容せん断耐力（2 面摩擦すべり耐力）　　$R_{sa}=141$ kN/本

高力ボルトの最大せん断耐力（2 面せん断）　　$R_{su}=377$ kN/本

梁の断面 2 次モーメント　　$I_0=46\,800\times10^4$ mm^4

梁ウェブの断面 2 次モーメント　　$I_w=8\,540\times10^4$ mm^4

梁の断面係数　　$Z=1\,870\times10^3$ mm^3

梁の塑性断面係数　　$Z_p=2\,130\times10^3$ mm^3

梁ウェブの塑性断面係数（全断面）　　$Z_{wp}=548\times10^3$ mm^3

梁ウェブ添板正味断面の断面係数

$$Z_{sn}=\left\{\frac{2\times9\times410^3}{12}-\left(\frac{2\times9\times22^3}{12}\times6+2\times9\times22\times(35^2+105^2+175^2)\times2\right)\right\}/205$$

$$=338\times10^3 \text{ mm}^3$$

梁の降伏曲げモーメント　　$M_y=1870\times10^3\times235\times10^{-6}=439$ kN·m

・高力ボルト本数の算定

ウェブモーメント伝達効率を $\varphi=0.4$ とする．

フランジ継手の負担モーメント　　$M_{Jf}=\left(1-0.4\times\dfrac{8540}{46800}\right)\times439=407$ kN·m

ウェブ継手の負担モーメント　　$M_{jw}=439-407=32$ kN·m

フランジボルトの本数の算定　　$n_f=\dfrac{M_{jf}}{(h-t_f)\times R_{sa}}=\dfrac{407\times 10^3}{(500-16)\times 141}=5.96$　　→　　6本

・短期許容せん断耐力の検討

ウェブボルト本数を6本とする．

作用せん断力　　$Q_j=Q_s+\dfrac{2M_y}{l}=150+\dfrac{2\times 439}{8}=260$ kN

許容耐力　　$Q_a=6\times 141=846$ kN $>Q_j=260$ kN　　→　　O.K.

・短期許容曲げ耐力の検討

1) フランジ継手

　フランジ継手の曲げ耐力は，フランジ継手の軸方向耐力とフランジ中心間距離$(h-t_f)$の積で表される偶力として，以下のように求められる．

$$_jM_{af1}=n_f\times R_{sa}\times (h-t_f)=6\times 141\times (500-16)\times 10^{-3}=409\text{ kN·m}\quad [(2.17.a)\text{ 式より}]$$

$$_jM_{af2}=A_e\times f_t\times (h-t_f)=(200+80\times 2-22\times 4)\times 16\times 235\times 10^{-6}\times (500-16)=495\text{ kN·m}$$
$$[(2.17.b)\text{ 式より}]$$

$$_jM_{af}=\min\{_jM_{af1},\,_jM_{af2}\}=409\text{ kN·m}>M_{jf}=407\text{ kN·m}\quad\to\quad\text{O.K.}\quad [(2.14)\text{ 式より}]$$

2) ウェブ継手

$$_jM_{aw1}=2\times\dfrac{35^2+105^2+175^2}{175}\times\sqrt{141^2-\left(\dfrac{260\times 175}{6\times 175}\right)^2}\times 10^{-3}=65.7\text{ kN·m}$$
$$[(2.26)\text{ 式より}]$$

$$_jM_{aw2}=Z_{sn}\times f_t=338\times 10^3\times 235\times 10^{-6}=79.4\text{ kN·m}\quad [(2.19.b)\text{ 式より}]$$

$$_jM_{aw}=\min\{_jM_{aw1},\,_jM_{aw2}\}=65.7\text{ kN·m}>M_{jw}=32\text{ kN·m}\quad\to\quad\text{O.K.}\quad [(2.16)\text{ 式より}]$$

・最大せん断耐力の検討

$$M_p=2\,130\times 10^3\times 235\times 10^{-6}=501\text{ kN·m}$$

梁フランジの破断で最大耐力が決まると仮定し，$\alpha=1.15$（SN400）として検討する．

作用せん断力　　$Q_{uj}=Q_s+\dfrac{2\alpha M_p}{l}=150+\dfrac{2\times 1.15\times 501}{8}=294$ kN

最大せん断耐力　　$Q_u=6\times 377=2262$ kN $>Q_{uj}=294$　　→　　O.K.

・最大曲げ耐力の検討

1) フランジ継手

$$_jM_{uf1}=n_f\times R_{su}\times (h-t_f)=6\times 377\times (500-16)\times 10^{-3}=1095\text{ kN·m}\quad [(2.37.a)\text{ 式より}]$$

$$_jM_{uf2}=A_e\times F_u=(200-22\times 2)\times 16\times (500-16)\times 400\times 10^{-6}=483\text{ kN·m}$$
$$[(2.37.b)\text{ 式より}]$$

$$_jM_{uf3}=2\times (40+60\times 2)\times 16\times (500-16)\times 400\times 10^{-6}=991\text{ kN·m}$$
$$(\text{フランジはしぬけ破断})\quad [(2.37.c)\text{ 式より}]$$

$$_jM_{uf3}=\{2\times (40-22/2)+2\times 0.5\times (40+60\times 2)\}\times 16\times (500-16)\times 400\times 10^{-6}=675\text{ kN·m}$$
$$(\text{フランジそとぬけ破断})\quad [(2.37.c)\text{ 式より}]$$

$$_jM_{af}=\min\{_jM_{af1},\ _jM_{af2},\ _jM_{af3}\}=483\ \text{kN·m} \qquad \text{[(2.34) 式より]}$$

（最大耐力はフランジの破断で決まる）

2) ウェブ継手

$$_jM_{uw1}=Z_{wp}\times F_u=548\times10^3\times400\times10^{-6}=219\ \text{kN·m}$$

$$_jM_{uw2}=Z_{sn}\times F_u=338\times10^3\times400\times10^{-6}=135\ \text{kN·m} \qquad \text{[(2.39.b) 式より]}$$

$$_jM_{uw3}=\frac{2\times(35^2+105^2+175^2)}{175}\times60\times10\times400\times10^{-6}=118\ \text{kN·m}$$

（ウェブはしぬけ破断）[(2.39.c) 式]

$$_jM_{uw3}=\frac{2\times(35^2+105^2+175^2)}{175}\times40\times18\times400\times10^{-6}=141\ \text{kN·m}$$

（ウェブ添板はしぬけ破断）[(2.39.c) 式]

$$_jM_{uw4}=2\times\frac{35^2+105^2+175^2}{175}\times\sqrt{377^2-\left(\frac{294\times175}{6\times175}\right)^2}\times10^{-3}=183\ \text{kN·m}$$

[(2.26) 式，ただし，R_{sa} を R_{su} に置換して利用]

$$_jM_{uw}=\min\{_jM_{uw1},\ _jM_{auw},\ _jM_{uw3},\ _jM_{uw4}\}=118\ \text{kN·m} \qquad \text{[(2.36) 式による]}$$

・梁継手の最大曲げ耐力

$$_jM_u={_jM_{fu}}+{_jM_{wu}}=483+118=601\geqq\alpha\cdot M_p=1.15\times2\,130\times10^3\times235\times10^{-6}=576\ \text{kN·m}$$

→ O.K.

2.5.2 柱継手

　柱部材は，一般に断面せいが余り大きくないこと，柱継手は柱の上下端から離れた位置に設けられることなどの点を考慮すると，柱継手の設計においては，フランジを完全溶込み溶接，ウェブを高力ボルト接合とする場合およびフランジ，ウェブともに高力ボルト接合とする場合とも，軸方向力と曲げモーメントをフランジ接合部分およびウェブ接合部分で，せん断力をウェブ接合部分のみで負担するものとして設計してよい．その際，軸方向力のフランジ接合部分とウェブ接合部分への振分けは，柱材のフランジおよびウェブの断面積比に応じて，また，曲げモーメントの両接合部分への振分けは，梁継手に倣い，ウェブ伝達効率 $\varphi=0.4$ を用いてそれぞれ行う．なお，骨組の終局限界状態において柱の継手を降伏させないことを意図して，柱継手は弾性域に留めることとする．さらに，柱継手の高力ボルトおよび溶接継目は継手部に作用する応力を十分伝えると同時に，それらの許容耐力が被接合材の許容耐力の 1/2 以上となるよう設計しなければならない．

2.6　柱梁接合部
2.6.1　混用接合による接合部

　フランジを完全溶込み溶接接合，ウェブを高力ボルト摩擦接合とするいわゆる混用接合で梁と柱を接合する場合，梁部材が取り付く位置において，ダイアフラム，スチフナ等により柱面の面外剛性が確保されているときには，2.5.1 項で述べた梁継手に準じて設計する．すなわち，(2.58)，

(2.59)式を満足するよう設計することになる．梁端の接合部係数については，ひずみ硬化を考慮した応力上昇の割増係数として$\xi=1.2$を考え，さらに，鋼材のばらつき等に起因する係数βも勘案し，「鋼構造接合部設計指針」では，表2.13の値を与えている．

表2.13 梁端の接合部係数

鋼　種	接合部の最大耐力を決める破壊形式	
	母材，添板の破断	高力ボルトの破断
SS 400	1.40	1.45
SM 490	1.35	1.40
SN 400 B	1.30	1.35
SN 490 B	1.25	1.30

　仕口部における混用接合部では，フランジ接合部分，ウェブ接合部分とも高力ボルト摩擦接合による梁継手の設計で慣用的に行われているように，曲げモーメントをすべてフランジ接合部分で負担するものとし，ウェブ接合部分では，せん断力しか負担しないとする仮定に基づいた設計法を適用した場合，許容応力度設計の段階では対応できるとしても，終局時にはウェブ接合部分の曲げ耐力が不足するため，フランジ接合部分に過大な応力が作用することになるので，梁端接合部で十分な塑性変形が生じないうちにこの部分で破断が生じる可能性がある．このような状況を避けるため，ウェブ接合部分においてもバランスのよい曲げモーメントの負担を考慮することが望ましい．また，柱が矩形中空断面材の場合，梁の取り付く柱面の面外剛性によって梁ウェブ接合部が負担できる曲げ耐力は影響され，その大きさは柱と梁ウェブの板厚，ダイアフラムで挟まれた梁が取り付くパネルゾーンのアスペクト比，柱と梁の強度比によって決まる．したがって，矩形中空断面材を柱とする梁端接合部の曲げ耐力を算定する際は，梁ウェブ接合部が負担できる曲げ耐力を適切に考慮して算定する必要がある．梁端接合部の具体的な設計方法は「鋼構造接合部設計指針」の4章に記述されているので，そこを参照されたい．

　このほか，梁フランジ・ウェブともに溶接接合による柱梁接合部の設計，ノンダイアフラム形式の柱梁接合部の設計，円形断面柱に接合される梁ウェブの曲げモーメント伝達効率などの詳細は，「鋼構造接合部設計指針」を参照されたい．

2.6.2　高力ボルト引張接合による接合部

1) スプリットティ形式の接合部

　スプリットティ形式の柱梁接合部には，曲げとせん断力が同時に作用している．このうち，曲げモーメントは上下のティウェブ板厚中心間距離で除して偶力に分け，その力をスプリットティに作用する引張力として設計する．この接合部に曲げが作用すると，接合部の引張側では材間圧縮力が減少し，摩擦耐力が小さくなるが，圧縮側では引張側で減少した分だけ圧縮力が付加されるので，接合部全体としての摩擦耐力に変化はない．したがって，引張接合部の初期導入ボルト

張力によるせん断耐力は，原則として曲げの作用によって影響されない．通常，梁に作用する設計用のせん断力は接合部の持っているせん断耐力に比べて十分小さいので，スプリットティ形式の柱梁接合部では，梁ウェブと柱フランジを接合しないことが多い．ただし，このような場合，せん断力の伝達はスプリットティのウェブ部分だけに頼るので，この部分での安全性を確認しておく必要がある．ウェブ部分の降伏および最大せん断耐力に対する設計は，「鋼構造接合部設計指針」4.4.2 項に詳述されている．なお，一般にスプリットティ接合では，ティウェブの両側にこれと平行に各1列ずつのボルトが配置される場合を対象としており，「鋼構造接合部設計指針」に示す設計式もこの形式についてのものである．しかし，この形式では，負担できる曲げモーメントの大きさに限りがある．そこで，ティウェブの両側に2列以上のボルトを配置することが考えられるが，このような接合部は接合効率が著しく低下するので，設計の際には，実験などによってその安全性を確認する必要がある．スプリットティ形式柱梁接合部の具体的な設計例については，「鋼構造接合部設計指針」4.4.2 項を参照されたい．

2) エンドプレート形式の接合部

梁端に1枚のエンドプレートを溶接して，これを柱と接合するエンドプレート形式の接合部の設計には，2つの方法がある．1つはエンドプレートの引張側フランジ周辺の部分だけを対象にして，これをスプリットティとみなし，スプリットティの設計式を適用する方法であり〔図 2.16 (a)〕，もう1つはドイツで慣用されている方法で，エンドプレートの板厚を十分厚くして，てこ反力の影響を除去し，平面保持の仮定により，ボルトに作用する力を単純化して鉄筋コンクリート断面と同様の手法で設計する方法[16]である〔図 2.16 (b)〕．「鋼構造接合部設計指針」では，前者の考え方を採用しており，後者については，文献 16) の研究成果を参照としている．

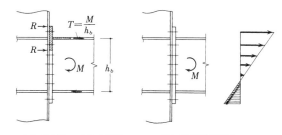

(a) スプリットティ置換　　(b) 平面保持仮定

図 2.16　エンドプレート形式柱梁接合部の設計モデル

ここでは，後者の考え方によるエンドプレート形式の接合部設計を設計例として紹介する．この設計方法をとるには，次の3つの仮定を設ける．

(a) 引張力はボルトのみで負担する．
(b) 圧縮力は接触面で負担する．
(c) 応力分布は直線状とする．

図 2.17 を参考として，検討手順を次に示す．

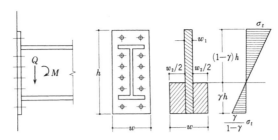

図 2.17 エンドプレート形式柱梁接合部の設計モデル（平面保持仮定）

i）全ボルト軸断面積をエンドプレートせい h，幅 w_1 の長方形断面に換算する．

$$n \cdot A_{bs} = w_1 \cdot h \tag{2.61}$$

n ：ボルト本数

A_{bs} ：ボルト軸断面積

h ：エンドプレートのせい

ii）圧縮面の面積は，$x \cdot w_2$ とする．

$x = \gamma h$：圧縮側最外縁から中立軸までの距離

$w_2 = w - w_1$：エンドプレート幅から w_1 を減じたもの

iii）平面保持の仮定より，中立軸比 γ を求める．

引張合力　$T = w_1(1-\gamma)h \cdot \dfrac{1}{2}\sigma_t$

圧縮合力　$C = (w_1+w_2)\gamma h \cdot \dfrac{1}{2} \cdot \dfrac{\gamma}{1-\gamma}\sigma_t$

$T=C$ から

$$\gamma^2 + \frac{2w_1}{w_2}\gamma - \frac{w_1}{w_2} = 0 \tag{2.62}$$

$$\therefore \gamma = \frac{x}{h} = \frac{w_1}{w_2}\left(\sqrt{\frac{w_2}{w_1}+1} - 1\right) \tag{2.63}$$

iv）置換断面の断面2次モーメントを求める．

$$I = \frac{w_2 h^3}{3}\left\{\frac{3w_1}{w_2}\left(\frac{1}{2}-\gamma\right)^2 + \gamma^3 + \frac{w_1}{4w_2}\right\} \tag{2.64}$$

v）断面係数を求める．

$$Z_t = \frac{I}{(1-\gamma)h}, \quad Z_c = \frac{I}{\gamma h} \tag{2.65-a,b}$$

vi）高力ボルトの検討

曲げモーメントに対して

$$\frac{M}{Z_t} \leqq f_{st} \tag{2.66}$$

M ：作用モーメント

f_{bt} ：高力ボルトの許容引張応力度

せん断力に対して

$$Q \leqq n \cdot R_{sa} \tag{2.67}$$

vii）エンドプレートの検討

　この設計においては，てこ作用の影響を考慮していないので，エンドプレートに作用する力は，図 2.18 のようになる．すなわち，エンドプレートの引張側端部は，片持梁的挙動を示すと考える．したがって，エンドプレートの板厚検討は，下式によって行う．この場合スプリットティの曲げの検討と同様，ボルト頭下の部分と，梁フランジとエンドプレート溶接部のフィレットの半分までの部分は剛域と仮定している．

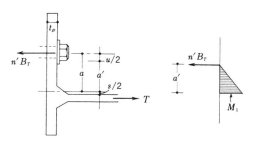

図 2.18　エンドプレートに作用する力

$$M_1 = n' \cdot B_T \cdot a' \tag{2.68}$$

　　　n' ：引張側最外縁ボルト列のボルト数

　　　B_T ：最外縁ボルトに作用する引張力 $= \dfrac{M}{Z_t} A_{bs}$

　　　$a' = a - \dfrac{u}{2}$ （u：ボルト頭の平行間距離）

$$\dfrac{M_1}{Z_p} \leqq f_{b1} \tag{2.69}$$

　　　$Z_p = \dfrac{w \cdot t_p{}^2}{6}$ ：エンドプレートの断面係数

　　　w ：エンドプレートの幅

　　　f_{b1} ：許容曲げ応力度 $= F/1.3$

(2.68)，(2.69) 式より

$$t_p \geqq \sqrt{\dfrac{6 a' \cdot n' \cdot B_T}{w \cdot f_{b1}}} \tag{2.70}$$

なお，エンドプレートと梁フランジの溶接部は特に重要であるので，この溶接部は完全溶込み溶接（レ形または K 形開先などによる）とする．

　エンドプレート接合部の最大耐力の検討においても，許容耐力の場合と同様，上述の 2 つの考え方を採用できる．

2.7 高力ボルト鋼管フランジ継手

2.7.1 円形鋼管フランジ継手

高力ボルト円形鋼管フランジ継手の形状としては，図 2.19 に示す 3 種類のものが一般に使用されている．引張力を受けるこの形式の継手の設計方針としては，高力ボルトの破断を防止することを原則としている．具体的な設計方法は「鋼構造接合部設計指針」3.3 節に示されているので，参照されたい．設計式の誘導などの詳細については，文献 17) を参照されたい．

「鋼構造接合部設計指針」では，次の条件を満たす円形鋼管フランジ継手の降伏耐力（短期許容耐力）および最大耐力の算定式を示している．

(a) 高力ボルトは，鋼管の同心円周上に 1 列配置とする．
(b) 高力ボルトの円周方向のピッチは，2.1.3 項で述べたピッチの標準に従うものとする．
(c) 鋼管とフランジ板は，完全溶込み溶接される．

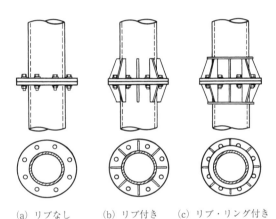

(a) リブなし　　(b) リブ付き　　(c) リブ・リング付き
図 2.19 円形鋼管フランジ継手形式

1) リブなしフランジ継手の短期許容耐力と最大耐力

引張力を受けるリブなし鋼管フランジ継手〔図 2.19 (a)〕の短期許容耐力および最大耐力は，図 2.20 に示す崩壊機構の崩壊荷重に基づいて算定している．具体的な設計式と設計例については，「鋼構造接合部設計指針」3.3.1 項を参照されたい．

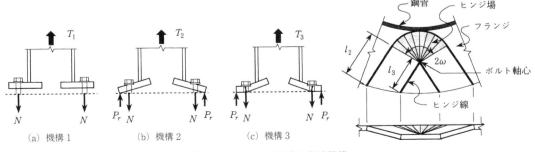

図 2.20 リブなし継手の崩壊機構

2) リブ付きおよびリブ・リング付きフランジ継手の短期許容耐力と最大耐力

　リブ付きおよびリブ・リング付き継手〔図2.19（b），（c）〕では，リブの補強効果によってリブなし継手に比べてフランジ板厚が薄くなる．また，てこ反力も小さくなるため，ボルト本数も減少する．引張力を受けるリブ付き継手の崩壊機構は，図2.21のようになる．リブと鋼管で囲まれたフランジの崩壊型を示すと図2.22の2種類の機構が想定され，これらの崩壊機構の崩壊荷重に基づいて短期許容耐力および最大耐力を算定している．具体的な設計式と設計例については，「鋼構造接合部設計指針」3.3.2項を参照されたい．

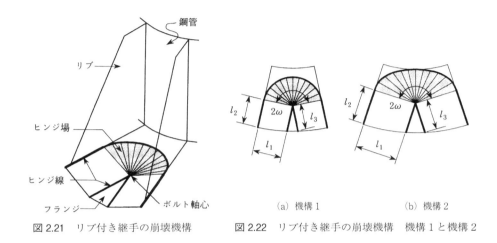

図2.21　リブ付き継手の崩壊機構　　　図2.22　リブ付き継手の崩壊機構　機構1と機構2

3) 軸力，曲げモーメント，せん断力を受ける継手の設計

　引張力に対して記述されている設計式は，軸力・曲げモーメント・せん断力を受ける継手の設計に適用可能である．フランジ継手においては，圧縮応力の伝達に配慮する必要はない．したがって，図2.23に点線で示されている引張応力が伝達可能であれば，同図中の曲げ応力を伝達できる．せん断力に関しては，フランジ板間の軸力，すべり係数および高力ボルトの締付け軸力によって，そのすべり耐力が決まる〔(2.31)式参照〕．

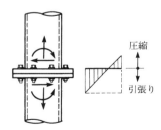

図2.23　軸力・曲げモーメント・せん断力を受ける継手の応力

2.7.2 角形鋼管フランジ継手

角形鋼管フランジ継手の耐力については降伏線理論に基づく算定式が提案されている[18]が，スプリットティ引張接合部の設計方法を準用する方法もある．具体的な設計例は，「鋼構造接合部設計指針」を参照されたい．

2.8 繰返し応力

建築構造物においては，土木構造物に比べて繰返し応力が問題となる場合はさほど多くないが，クレーンガーターやそれを支持する柱や梁における接合部，大型の振動機器，自動車の振動を受ける建築物の接合部では，繰返し応力の影響を考慮しなければならない．

一般的に高力ボルト摩擦接合部では，すべり耐力以下の繰返し応力であれば，材間の摩擦力で応力を伝達する機構から考えてボルト張力の低下，摩擦面の状態の変化を考慮する必要はなく，すべり耐力も低減させる必要はない．したがって，接合部の疲労設計としては高力ボルトそのものに対する繰返し応力の影響は考えず，母材に関する疲労設計のみを行えばよく，疲労設計は，本会の「鋼構造設計規準」[6]や「鋼構造限界状態設計指針・同解説」[1] に基づいて行えばよい．

次に，引張接合における繰返し応力の影響について述べる．

図 2.24 は，図 2.25 に示す引張接合の最も基本的な T-T 接合部に繰返し応力を作用させた場合の疲労試験結果である[19]．ほとんどの試験体は接合部のボルトで疲労破壊しているが，高力ボルトの呼び径に比べてティフランジの板厚が小さいシリーズでは，ティフランジのフィレット部で疲労破壊する試験体が多くなっている（図中○を付したデータ）．引張接合部に繰返し応力が作用した場合，摩擦接合部の場合と異なり，被接合材（スプリットティ，エンドプレート等）で疲労破壊が生じるだけではなく，高力ボルトそのものでも疲労破壊が生じる場合がある．ティフランジのフィレット部のように，曲げとせん断，場合によっては引張をも同時に受けるような部分で疲労破壊する場合，疲労強度に関するデータはない．一方，ボルトそのものに直接引張の繰返し応力を載荷した場合の高力ボルトの疲労強度のデータは蓄積されており，日本鋼構造協会「鋼構造部の疲労設計指針」[20]にも基準強度が与えられている．図 2.26 は，高力ボルトの疲労強度を素材の引張強さ σ_u で無次元化して修正グッドマンダイアグラムで表したものである．F 10T の疲労強度は，同図の値にそれぞれの引張強さ σ_u を乗じることにより算出できる．また，同図の応力比 α の関数として数式化したものを表 2.14 に示す．

図 2.27 は，引張接合部の繰返し応力が作用したときの接合部への繰返し応力とボルトに生じる繰返し応力の関係を模式的に表したものである．繰返し応力とボルト張力の関係は，接合部のティフランジの剛性，高力ボルトの剛性，ボルトの締付け位置，初期導入ボルト張力により決まり，離間耐力以下の繰返し応力であれば，一定振幅の繰返し応力に対してボルトの繰返し応力は一定になる．図 2.27 に示すような接合部への外力と高力ボルト張力の関係が実験あるいは解析により求まっていれば，予想される繰返し応力に対して高力ボルトに生じる繰返し応力が算定でき，その繰返し応力と図 2.26 や表 2.14 を対応させることにより高力ボルトの疲労寿命が算定できるため，ボルトの疲労寿命を前提とした接合部の疲労設計が可能である．ただし，既往研究[21]でも明らかなよう

に，実際の接合部では高力ボルトに生じる曲げ応力の影響によって，単に図 2.26 から算定される高力ボルトの繰返し応力よりも疲労寿命が低下する．

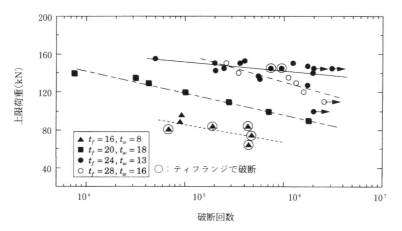

図 2.24 T-T 形式接合部の疲労試験結果の一例[19]

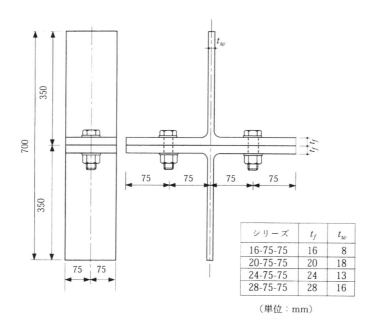

図 2.25 T-T 形式接合部試験体[19]

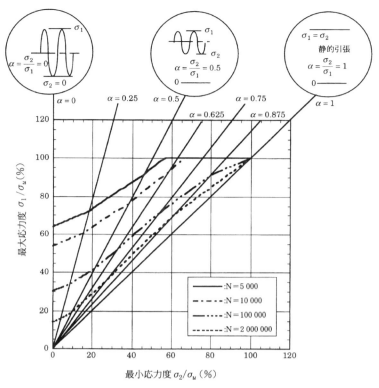

図 2.26 無次元化修正グッドマンダイアグラム[20]

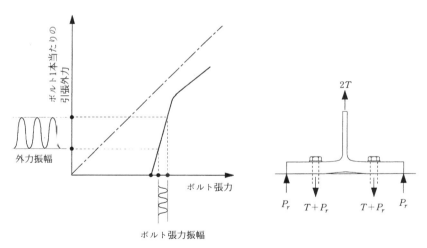

図 2.27 繰返し応力に対するボルト張力変動

表 2.14 数式化したグッドマンダイアグラム

応力比 (a)	$K-a$ 関係式	$C-a$ 関係式
0 ～0.25	$K=0.01860\,a-0.24965$	$C=0.27040\,a+2.72890$
0.25 ～0.5	$K=0.03516\,a-0.24551$	$C=0.54180\,a+2.66105$
0.5 ～0.625	$K=0.07752\,a-0.30185$	$C=0.35520\,a+2.75435$
0.625～0.75	$K=0.05496\,a-0.28775$	$C=0.81584\,a+2.46645$
0.75 ～0.875	$K=1.27328\,a-1.20149$	$C=5.45640\,a+7.17063$
0.875～1.0	$K=0.69896\,a-0.69896$	$C=3.17024\,a+5.17024$

[注]
記号
$\log S = K \cdot \log N + C$
a ：応力比（$=\sigma_2/\sigma_1$；図 2.26）
S ：無次元化最大応力（$=\sigma_1/\sigma_u$）
σ_u：高力ボルトの引張強さ
N ：破断回数

参 考 文 献

1) 日本建築学会：鋼構造限界状態設計指針・同解説，2010
2) 日本建築学会：建設工事標準仕様書　JASS 6　鉄骨工事，2015
3) AISC : Specifications for Structural Joints Using ASTM A325 or A490 Bolts, 2004
4) ECCS : European Recommendations for bolted connections in structural steelwork, 1985
5) 日本建築学会：鋼構造接合部設計指針，2012
6) 日本建築学会：鋼構造設計規準―許容応力度設計法―，2015
7) 橋本篤秀，山田丈富：高力ボルトの終局せん断強度，日本建築学会論文報告集，第 440 号，pp.77-84，1992.10
8) 田中淳夫，増田浩志，脇山広三，辻岡静男，平井敬二，立山英二：過大孔・スロット孔を有する高力ボルト摩擦接合部の力学性状，鋼構造論文集，第 5 巻，第 20 号，pp.35-44，1998.12
9) 佐藤篤司，吹田啓一郎，多田裕一：支圧を考慮した高力ボルト接合部の最大耐力評価，日本建築学会構造系論文集，第 76 巻，第 662 号，pp.845-853，2011.4
10) 併用継手小委員会：各種ファスナーの併用継手に関する実験的研究（その 1，その 2）日本建築学会論文報告集，（その 1）第 161 号，pp.75-87，1969.7，（その 2）第 177 号，pp.95-106，1970.11
11) 増田浩志，神保秀治，田中淳夫，植木隆司：併用継手の力学性状に関する実験的研究，日本建築学会構造系論文報告集，第 543 号，pp.145-152，2001.5
12) Ben Kato, Koji Morita, Yosinobu Tanuma : Experimental Studies on the Strength of Brace-to-Gusset Plate Connections with High Strength Bolts, Proc. of PSSC（Auckland），pp.23-37, 1986
13) 日本建築学会：鋼構造座屈設計指針，2009
14) 日本建築学会：鋼管トラス構造設計施工指針・同解説，2002
15) 小川厚治，永元亮太：強震を受ける鋼構造ラーメン骨組の梁に生じる最大曲げモーメント，日本建築学会構造系論文集，第 580 号，pp.121-128，2004.6
16) H.Beer：Einige Gesichtpunkte zur Anwendun hochfester, vorgespannter Schrauben : IABSE, Final Report, 1960 II b 1, pp.157-172, 1960
17) 井上一朗，吹田啓一郎：降伏線理論を用いた高力ボルト鋼管フランジ継手の設計法，構造工学論文集，Vol.46B，pp.709-716，2003.3
18) 加藤勉，向井昭義：高力ボルト引張接合による角形鋼管フランジ継手の耐力，日本建築学会論文報告集，第 326 号，pp.17-24，1983.4
19) 脇山広三，平井敬二：高力ボルトの疲労に関する研究，日本建築学会論文報告集，第 288 号，pp.21-27，

1980.2
20) 日本鋼構造協会：鋼構造物の疲労設計指針・同解説，技報堂出版，2012
21) 脇山広三，平井敬二：高力ボルトを用いたスプリットティ接合部の疲労強度に関する研究（その3　接合部のボルトの疲労強度推定法），日本建築学会論文報告集，第323号，pp.71-77，1983.1

3. 施　　工

3.1　高力ボルトの種別と品質

　現在普及している高力ボルトのセット（以下，高力ボルトという）は，JIS B 1186（摩擦接合用高力六角ボルト・六角ナット・平座金のセット）に規定された，ボルト1個，ナット1個，座金2個から構成されているもの（以下，JIS形高力ボルトという）と日本鋼構造協会規格 JSS II 09（構造用トルシア形高力ボルト・六角ナット・平座金のセット）に規定された2種に適合し，国土交通大臣の認定を受けたトルシア形高力ボルトのセット（以下，トルシア形高力ボルトという）がある〔図3.1〕．JIS形高力ボルトでは，1章1.1で述べたように，セットの種類（1～2種）に応じて構成要素の組合せも規定されている．建築分野では2種（F 10T）のセットを用いることを原則としている．これらの識別にはボルト頭およびナット上面に，それぞれの機械的性質による等級を示す表示記号が付けられているので，強度の等級を確認することは容易である．

　高力ボルトのセットとしての品質特性は，セットのトルク係数値で表される〔表3.1〕．JISでは，製造ロットのトルク係数値の平均値と標準偏差を定めている．トルク係数値A種，B種の違いはナット，座金の表面処理の違いによるもので，トルク係数値が小さいA種は，主として M 20以上の太径に適用されている．トルク係数値が異なっても，セットの構成要素の機械的性質は同じである．表面潤滑処理の一般的な方法として用いられているボンデ処理は，一定の温度のもとではトルク係数値のばらつきも小さく安定した傾向を示すが，温度条件が変化するとトルク係数値が若干変動することがわかっている．これは，トルシア形高力ボルトを含めトルクコントロール法によってボルトの締付けを行う場合の基本条件にかかわることであり，十分留意しておく必要がある．トルシア形高力ボルトのトルク係数値は規定されていないが，おおむねA種とされている．

　高力ボルトの品質の確認は，JIS表示許可工場で製造された製品については立会い検査を行うことなく，$\overline{X} - R$ 管理図等の品質管理データと製造ロットごとの社内検査成績書によって行うことができる．この場合，製造ロット間の品質の変動もできるだけ小さいことが望ましい．

ボルトの種類	JIS形高力ボルト	トルシア形高力ボルト	溶融亜鉛めっき高力ボルト
形状・表面処理	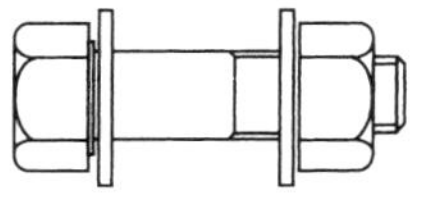 ナットの表面潤滑処理	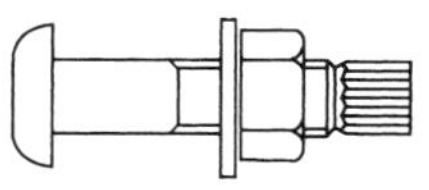 ナットの表面潤滑処理	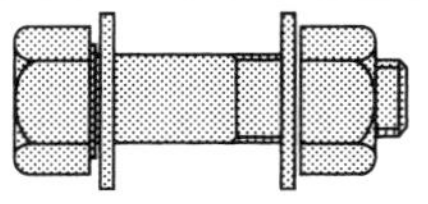 表面溶融亜鉛めっき処理　ナット面：めっき後潤滑処理
機械的性質	F 10T	S 10T（F 10Tに相当）	F 8T

図3.1　高力ボルトの種類

表 3.1 高力ボルトの種類と締付け方法

種　類	JIS 形高力ボルト		トルシア形高力ボルト	溶融亜鉛めっき高力ボルト
規　格	JIS B 1186		日本鋼構造協会規格 JSS Ⅱ 09	—
認　定	経済産業大臣による JIS 表示認証工場の認定		建築基準法第 37 条に基づく国土交通大臣の「ボルトセット」の認定	建築基準法第 37 条に基づく国土交通大臣の「ボルトセット」の認定
セットの組合せ	ボルト1，ナット1，座金2		ボルト1，ナット1，座金1	ボルト1，ナット1，座金2
ボルトの機械的性質による等級	F 8T，F 10T		S 10T （F 10T 強度に同じ）	F 8T
トルク係数値による種類	A（0.110〜0.150） B（0.150〜0.190）		A（0.110〜0.170 程度）	A（0.110〜0.150）
締付け方法	トルクコントロール法	ナット回転法	ピンテール破断による締付け（原理はトルクコントロール法）	ナット回転法

3.2 高力ボルトの首下長さの選定

3.2.1 JIS 形高力ボルト

部材の接合に使用するボルトの長さは，JIS B 1186 に示す首下長さで示し，被締付け長さ（被締付け材板厚の合計）に表 3.2（a）に示す長さを加えたものを標準とする．ボルト長さは JIS B 1186 付表1 "基準寸法" により 5 mm ピッチで製造されているため，実務上は，上記による算出寸法を 2 捨 3 入または 7 捨 8 入して使用する．表 3.2（a）に示されている被締付け長さに加える長さは，ナット1個の高さと座金2個の厚さにボルトのねじ3山程度の余長を加えた値を丸めたもので，結果的には，JIS B 1186 付表1に示されているボルトのねじ部長さの基準寸法 s と一致した値となっている．これ以上に長いボルトを用いると，遊びねじ長さ〔ナットの座裏からボルト頭側へ残されたボルトねじ部の長さ，図 3.2 参照〕が短くなり，ボルトねじ部から軸部へかけての応力集中度を高めてボルトの延性を低下させる傾向を生じるため，長めのボルトの使用は避けなければならない．

表 3.2（a） JIS 形高力ボルトにおける締付け長さの標準（単位：mm）

ねじの呼び	締付け長さに加える長さ
M 12	25
M 16	30
M 20	35
M 22	40
M 24	45
M 27	50
M 30	55

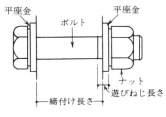

図 3.2　遊びねじ長さ

3.2.2　トルシア形高力ボルト

　トルシア形高力ボルトはボルト頭が丸形で頭側に座金を使用しないため，ボルトの首下長さは，JIS 形に対し 5 mm 短いものとなる．すなわち，締付け板厚に対する首下長さは，締付け板厚に表 3.2（b）の長さを加えたものを 2 捨 3 入または 7 捨 8 入して 5 mm 単位として，JSS II 09 の付表 1（標準寸法）のうちから最も近いものを使用する．

　JIS 形高力ボルト，トルシア形高力ボルトともに上記の基準によって首下長さを選定すれば，長さの過不足による締付け不良はなく，鉄骨面からの突出量が過大となり，施工上の安全性や耐火被覆の取付けに重大な支障となることもない．

表 3.2（b）　トルシア形高力ボルトにおける締付け長さに加える長さ（単位：mm）

ねじの呼び	締付け長さに加える長さ
M 16	25
M 20	30
M 22	35
M 24	40
M 27	45
M 30	50

3.3　高力ボルトの取扱い

　高力ボルトは，通常段ボール紙製の箱に梱包されており，箱の外側には高力ボルトの強度等級・トルク係数値の種別・サイズ・ロット番号などが記載されている．これによって工事現場での受入れ時に，荷姿・外観に異常のないことを確かめるとともに，その記載内容が製品検査証明書（社内検査成績書）の内容と一致しているかどうかを確かめる．

　ボルト，ナットのねじ部分にきりこ・じんあい（塵埃）などの付着やさびの発生，ボルトのねじ部に打こん（痕）などがあると，セットのトルク係数値が著しく変化し，正しい張力を導入できなくなることがある．

　特にトルシア形では，締付けトルクがピンテールの破断トルクに等しくボルトの呼びごとに一定であるから，一段と注意を要する．このため，運搬中に投げ落としたり，ボルト孔へ無理やりたたき込むようなことをしてはならない．保管や運搬や締付けにあたっては，ねじ山の保護と防湿等の

取扱いに注意する．なお，工場現場では高力ボルトは，等級・径・長さ・ロットごとに区分して，雨水・じんあいなどが付着しないよう適切な場所に，使用にあたっての取出しが容易になるよう整理し，梱包箱の強度も考え併せて，積み上げる箱の数を制限して保管する．

保管場所からの取出しは，当日使用する必要数量だけにとどめる．工事の都合でその日のうちに使い切らなかった場合は，作業場へ放置することなく，整理の上，元の保管場所へ戻しておく．作業中の降雨に対しては，ただちに防水シートなどで覆って養生する．

3.4 高力ボルト孔とその配置

高力ボルト用の孔径は，以前はJIS形，トルシア形高力ボルトとも呼び径20 mm未満の場合は呼び径＋1 mm以内，呼び径20 mm以上の場合は呼び径＋1.5 mm以内とするよう定められていたが，その後，呼び径27 mm未満は呼び径＋2 mm，呼び径27 mm以上は呼び径＋3 mm以内と改訂されている（建築基準法施行令68条）．高力ボルトの孔径・縁端距離およびピッチを表3.3に示す．

摩擦接合では，力の伝達機構が普通ボルト接合と異なるので，標準孔径＋2 mm程度までの拡大孔であれば接合部のすべり耐力に与える影響は小さく，2章「2.1.4 高力ボルトの孔径」に記述されているように，適切な低減係数を用いれば安全側の評価が可能である．しかし，接合部の最大耐力がボルト孔欠損による母材または添板の正味断面の破断に支配される場合は，拡大孔によるボルト孔径の拡大を考慮した評価が当然必要となる．また，拡大孔の乱用は骨組の建方精度等にも悪影響を及ぼすので，安易な使用は避け，標準ボルト孔径で対応できない接合部にのみ採用するという姿勢が望ましい．

ボルト孔あけは，部材表面に対して直角を保ち正しい円筒形を形成するよう部材を水平ベッド上におき，正しい位置にドリルあけする．パンチングマシンによるせん断孔あけは，孔壁の平滑さを欠き，場合によっては割れやノッチ等を生じて接合部耐力を損なうこともあることとドリルの普及を考えて，JASS 6では，板厚によらずせん断孔あけを禁止している．

組み合わせる鋼板を正しく接合するためには，個々の孔を精度良くあけることはもちろん，各鋼板の孔心を一致させるよう工作することが必要である．孔周囲に生じた，まくれ・垂れ変形などは・組み合わせた鋼板にすき間を生じ，ボルトの締付けや摩擦力に支障を生じるので，必ず取り除いておかなければならない．まくれ・ばりなどを取り除くには，バーリングリーマ（きくぎり）を用いて削りとるか，グラインダなどで軽く取り除くのがよいが，部材を削りすぎないよう注意する．なお，ブラスト処理面とする場合，孔あけ加工はブラスト処理をする前に行わないと，孔あけ後のグラインダによるばりとりによってブラスト処理面のすべり係数が低下してしまうことになるので，注意する．

表 3.3　ボルト孔径・縁端距離・ピッチ（単位：mm）

ねじの呼び	ボルト孔径	最少縁端距離		ピッチ	
		(1)	(2)	最小	標準
M 12	14	22	18	30	50
M 16	18	28	22	40	60
M 20	22	34	26	50	70
M 22	24	38	28	55	80
M 24	26	44	32	60	90
M 27	30	49	36	70	100
M 30	33	54	40	75	110

(1) せん断縁・手動ガス切断縁
(2) 圧延縁・自動ガス切断縁・のこ引き縁・機械仕上げ縁

3.5　摩擦面の処理

　摩擦接合では，摩擦面の状態が接合部のすべり耐力（せん断耐力）に大きい影響を与える．黒皮・浮きさび・じんあい・油・塗料・溶接スパッタなどが接合部の摩擦面に介在していると摩擦力は著しく低下するので，鉄骨の製作・組立て前など適切な時期に取り除かなければならない．

　摩擦接合に必要なすべり係数 0.45 を確保する方法として，自然発生の赤さびによる場合，ブラスト処理による場合，やむを得ない措置として薬剤処理による場合があるので，それらについての留意事項を 3.5.1～3.5.3 項に述べる．

　なお，引張接合の場合も接合面の密着が不可欠であることから，上記の措置を適用する．板厚 6 mm 未満の軽量形鋼などを使用し，設計上すべり係数を 0.45/2（≒0.23）としている場合には，黒皮を除去する必要はない．ただし，この場合も，浮いた状態の黒皮や浮きさびは除去しておく．

3.5.1　自然発せいによる場合

　「鋼構造設計規準」や建築基準法施行令第 92 条の 2 で与えている高力ボルト摩擦接合の許容せん断力は，原則としてすべり係数 0.45 を確保するものとしている．このすべり係数確保の方法として，建設省告示第 1464 号（平成 12 年 5 月 31 日）では，全国どこででも安定的に適用できる摩擦面として自然発生の赤さび面を定めている．黒皮が鋼材の表面を覆っているのは発せいの妨げとなるので，部材・添板などを孔あけ加工した後，孔周辺のばりを取り除くとともに，グラインダ（ディスクサンダ #24 程度）で添板全面の範囲の黒皮を原則として除去する．黒皮を除去する範囲は，ボルトを締め付けたときの接合面への力の分布から決まっている．従来よりいわれていた座金径の 2 倍という値は，ほぼボルトの標準ピッチに近いので，実際上は黒皮の除去範囲は摩擦面全体となる．グラインダで黒皮を除去する際には，摩擦面の確実な接触を期するために面をへこませないよう注意する必要がある．また，グラインダをかける方向が応力の方向と平行にならないようにする等の配慮が望ましい．

　黒皮除去の方法の 1 つにブラスト処理がある．若干の設備を必要とするが，作業能率が良いばかりでなく，グラインダを用いる場合のように摩擦面をへこませるおそれもない．その他黒皮を除去

し，面を粗くする方法として，薬品処理などの方法がとられることもある．締付けまでに発せいが間に合わないと判断される場合，このような処理を施すこともあるが，材質に及ぼす影響やすべり係数が確保されるか否かなどをよく検討した上で，工法を決定しなければならない．

さびの程度は，摩擦面が一様に赤く見えるぐらいが適当である．浮きさびとなったものは摩擦面の状態を阻害するため，ワイヤブラシなどを用いて取り除く．このとき，ワイヤブラシを掛けすぎて面が光るようにしてはならない．発せいは屋外に自然放置した場合を標準とするので，黒皮を除去した後，赤さび面となるまでの半月程度の工程上の余裕を見込んでおくことが望ましい．工程上の余裕がない場合，人為的に水かけを行って発せいを促進することもあるが，裏面も均一に発せいするように注意しなくてはならない．一度赤さびが発生したスプライスプレートを部材の接合面に重ねておくとしばらくして面が黒変することがあるが，この場合，通常は所定のすべり係数は得られるものと考えてよい．

3.5.2 ブラスト処理による場合

最近の調査では，ショットブラストまたはグリットブラスト処理を行い，所定の表面粗さを確保すれば，必ずしも赤さびが発生しなくてもすべり係数 0.45 が得られることが認められた．したがって JASS 6 では，表面粗さを $50\,\mu mRz$ 以上とすれば，ショットブラストまたはグリットブラスト面を摩擦面としてよいとしている．ただし，サンドブラスト処理面は，所定のすべり係数が得られないことがあるので認められていない．

中心線平均粗さ（Ra）で定義するのが望ましいが，JASS 6 では測定が簡便であることから最大高さ（Rz）で定義することとし，その値を $50\,\mu mRz$ 以上としている．したがって，$50\,\mu mRz$ を超え $100\,\mu mRz$ に近づくほどよく，安全を考慮し $70\sim80\,\mu mRz$ を目標とすることをすすめる．

なお，これまで表面粗さを表す指標として最大高さ R_y が用いられてきたが，JIS B 0601:2001 では R_y がなくなり，最大高さを表す指標は Rz とされているため，前述の粗さを表す数値は，これまで用いられてきた R_y を Rz として置き換えて表現している．従来の R_z "十点平均粗さ" とは異なるので，注意が必要である．

JASS 6 では，圧縮空気よるブラスト処理の一例として表 3.4 の作業条件を示している．作業時間を規定していないのは，鋼材の表面状態により吹付け時間が大幅に異なるためで，黒皮が表面に残らないようにブラスト処理することが肝要である．

表 3.4　ブラスト処理の種類と作業条件

研削材	粒度	使用条件	空気圧力	吹付け距離	吹付け確度
ショット	S40～S100	単体または複合	0.5～0.7 N/Mpa	300～500 mm	90±30°
グリット	G50～G100				

上記のように，ブラスト面は摩擦面として認められてから広く適用されているが，表面粗さの確保という点で大きなばらつきが見られる．その原因は，表 3.4 に示されたブラスト作業条件の管理

が適切になされていないためと思われる．研削材に粒度の粗すぎるものが混入していたり，使いすぎたものを用いると良好な粗さが得られないことがある．特に使いすぎたショットは，研削材がすり減ってきたり砕けて細粒化したりして，上表の粒度条件を逸脱していることが多い．これを避けるには，定期的にフィルターにかけて条件外の研削材を除去する必要がある．また，使いすぎたグリットも使用しているうちに丸味を帯びてくるので，定期的に新しい研削材に入れ替えるのがよい．

ショットブラストとグリットブラストを比較すると，ショットは球形であるがグリットは鋭角面を有しているので，同じ表面粗さであってもグリットブラストに比べてショットブラストはすべり係数が低くなる傾向にある．他方，一般の工場が有しているブラスト処理設備はスプライスプレート専用やH形鋼専用が多く，それらは通常ショットブラストを用いている．したがって，こういった設備によってショットブラストによる摩擦面処理を行う場合は，表面粗さ50 $\mu m Rz$ を確保するための上記の作業条件や注意事項を確実に守ることが肝要である．

このようにブラスト処理といっても，その種類や表面粗さについて施工管理を正しく行わないと所定のすべり係数が得られない．表面粗さに疑問がある場合には，ブラスト処理済の板をボルトメーカーの試験室等に持ち込めば，測定によって簡単に確認できる．

800 N/mm^2 を超える高強度鋼材において，ブラスト処理を施した摩擦接合部のすべり係数が低下する現象が報告されている[1]．これに対しては，ブラスト処理に用いる研削材の硬度や，研削材の投射速度を上げる，摩擦面に赤さびを発生させることなどで対応が可能であり，実施施工時にはすべり係数試験で確認するなどの注意が必要である．

3.5.3 薬剤処理による場合

JASS 6 では，自然発せいもしくはブラスト処理以外の摩擦面処理は，原則として認められていない．しかしながら，工程上のやむを得ない事情により，自然発せいが得られない場合，さまざまな薬剤が発せい剤・発せい促進剤として用いられているという現状がある．こういった薬剤を用いるにあたっては，薬剤ごとの摩擦面処理の問題点と留意事項についてよく知った上で用いなければならない．なお，従来の摩擦面処理用の薬剤としては，次のタイプがある．

① グラインダー・ブラスト等により黒皮を除去した後の発せいを促進させるもの
② 黒皮のまま塗布して発せいさせるもの

しかし，②のタイプは，問題点も多く現在ではほとんど用いられていないので，①のタイプに限定して説明をする．①のタイプの薬剤の場合，薬剤の役割は，あくまで自然発せいの化学変化を時間的に短縮することである．したがって，黒皮除去の方法や摩擦面の取扱いについての注意事項は，自然発せいの場合となんら変わりはない．表面粗さ50 $\mu m Rz$ 以上のブラスト処理は発せい不要となっているので，薬剤処理を必要とする場合の黒皮除去方法は，グラインダー処理または表面粗さの管理をしていない場合のブラスト処理となる．

現在市販されている薬剤には，その仕様上大きな差異は見られないが，原液のまま塗布するタイプと十数倍程度に希釈して塗布するタイプがある．前者の場合，希釈度の管理が不要になる分だ

け，塗布作業者による差異は出にくいといえるであろう．

　薬剤メーカーは，各社とも塗布後の薬剤の効果についてさまざまな試験・研究を進めており，それぞれに実効性のある結果を得ているようである．ただし，それらの実験結果によれば，所定のすべり係数が得られるまでの時間は，塗布時の温度・湿度に大きく依存している．特に気温 5 ℃ 以下，湿度 80 ％ 以上などの悪条件では，その効果がほとんどないことも報告されている．このように塗布後のボルト締付けまでに必要な時間は気象条件と関連して決めるべきであるのに，各社カタログ等では，平均的な温度・湿度に対しての時間設定のみを記載しているので注意を要する．各社の実験では，塗布後ボルト締付けまでの養生時間として 24 時間を標準としているものが多いが，気象条件等による変動を考慮して 48 時間以上発せい時間を設けることを推奨する．また，塗布後，屋外に放置している間に降雨にさらされる場合もあるが，塗布後 24 時間は雨にあたらないよう保護するべきである．

　なお，これら薬品の塗布作業にはゴム手袋やじんあい眼鏡を着用して身体を保護するとともに，万一皮膚に付着した場合は，ただちに水洗いなどの処置を必要とする．

　薬剤処理による場合の経年変化やコンクリート中に埋め込まれた場合の影響についても議論されることが多い．このテーマについても，各社は自然発せいとのさびの進行速度の比較実験等を行っており，現在までに得られた結果では自然発せいと大差ないとしているが，より長期的な研究を見守っていく必要がある．

3.5.4　すべり試験

　高力ボルト摩擦接合部のすべり性能を確認する場合，特殊な摩擦面処理を採用する場合にはすべり試験を実施し，すべり耐力またはすべり係数を確認しておく必要がある．その場合，実際の部材接合部に近い形状の試験体を用いることが望ましいが，通常は 2 面摩擦の標準試験体によることが多い．その際，当然のことであるが，摩擦面は実際に採用する方法と同じ処理をしておかなければ無意味である．

　このような場合の参考のため，標準試験体によるすべり試験について以下に述べる．

＜標準試験体によるすべり係数試験＞

(1) 標準試験体の形状と寸法を図 3.3，表 3.5 に示す．ボルトを応力の作用線上に 2 本有する 2 面せん断継手で，部材有効断面に基づく降伏耐力が，すべり係数を 0.6，導入ボルト張力を標準ボルト張力としたときのすべり荷重にほぼ等しくなるよう設計されている．標準試験体の材質の組合せは，実際の構造物に用いるものと同材とする．

(2) 摩擦面の状態は，さびの程度，表面粗さ，表面処理の種類などすべり係数に影響する要素が工事現場での状況とほぼ同一と見なしうるものでなければならない．

(3) 使用する高力ボルトは，実際に使用する種類，呼び，ボルト長さと同一，工事現場で使用する高力ボルトと同一ロットであることが望ましい．少なくとも同一製造条件のものを使用する．

(4) 試験体の組立てにあたっては，組立て前に摩擦面の油，ゴミ等の異物は除去し，すべりの生

じる前にボルト軸部にせん断力が働かないようにボルトを孔の中央にセットする．高力ボルトの締付け方法は，工事現場で使用する方法と同じとする．

(5) すべり係数を算定するためには，初期導入ボルト張力の測定が必須である．導入ボルト張力の測定は，ボルト軸部（円筒部）にひずみゲージを貼り付けてひずみを検出することによって行うことを原則とする．なお，高力ボルトに貼り付けたひずみゲージの値とボルト張力のキャリブレーションは，ボルトの種類，呼び，ボルト長さごとに3本程度実施するものとする．

(6) 試験体数は3体以上とする．試験体の片側を試験側として反対側を固定側とする場合，固定側は増締め等を行って先にすべりが生じないように組み立てる．この場合，各試験体から1個のすべり耐力が得られる．試験体の両側ですべりを発生させる場合は，同じ試験体から2個のすべり耐力を得ることができる．

(7) すべり試験は，試験体組立後24時間以上経過した後に実施することが望ましく，接合部材と添板との相対変位を測定しながら，すべりが生じるまで単調引張載荷することを原則とする．相対変位の測定位置は，図3.3の黒丸の位置で測定することを原則とする．測定治具の都合上，白丸の位置で測定する場合には，測定変位が黒丸位置での値より小さくなる傾向がある．

(8) すべり荷重は，以下に示す値とする．
・すべり音を伴う明瞭なすべり（主すべり）が生じた時の荷重
・明瞭な主すべりが生じない場合はすべり量 0.2 mm に対応する荷重
・すべり量 0.2 mm までに最大荷重が生じた場合はその最大荷重

(9) すべり係数 μ は，次式によって算定する．

$$\mu = P/(m \cdot N) \tag{3.1}$$

ここに，μ：すべり係数
P：すべり荷重
m：摩擦面の数（この場合 $m=2$）
N：初期導入ボルト張力の和

導入したボルト張力は，締付け後は通常5％程度低下し，さらにすべり荷重に近づくにつれて漸減するが，すべり係数値の算定に用いる初期導入ボルト張力 N は，試験体締付け時に導入したボルト張力の値とする．

導入ボルト張力は，上記のようにボルト軸部（円筒部）にひずみゲージを貼付して計測することが原則であるが，簡便法として，キャリブレーションテストを併用してトルクコントロール法またはナット回転法による締付けを行い，初期導入ボルト張力を推定することもできる．また，簡便法として軸力計によってボルト張力を測定することもできるが，この場合，実際の接合部と摩擦面の状況・グリップ長さ等が異なることを認識しておく必要がある．

以上のような試験方法については「鋼構造接合部設計指針」の「付7 すべり試験評価試験法」として記述されている．すべり係数の統計的な算定方法等についても記述されており，適宜参考とされたい．

<標準試験体によるすべり耐力試験>

　すべり耐力試験は，高力ボルト摩擦接合部のすべり耐力を直接確認する方法である．すべり耐力試験に用いる試験体，使用ボルト，試験方法などは，前述のすべり係数試験と同じとする．ただし，使用する高力ボルトの導入張力を測定する必要はない．

　すべり耐力試験の合否判定については，本会「鉄骨工事技術指針　工場製作編」に記述されているので参考とされたい．また，国土交通大臣の認定工法である溶融亜鉛めっき高力ボルトにおけるすべり試験については，4.6.1項を参照すること．

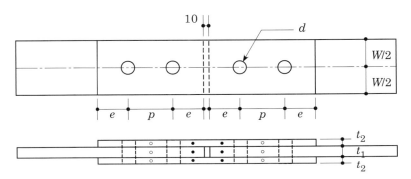

図 3.3　すべり試験用標準試験片の形状・寸法例

表 3.5 (a)　標準試験片の寸法等 (SN400 および SS400 の場合)

ボルトの等級	ねじの呼び	部材の有効断面積 (mm²)	孔径 d (mm)	母材厚 t_1 (mm)	側板厚 t_2 (mm)	板幅 W (mm)	はしあき e (mm)	ピッチ p (mm)
F 10T	M 12	576	14	16	9	50	30	50
	M 16	1083	18	19	12	75	40	60
	M 20	1716	22	22	12	100	50	70
	M 22	2128	24	28	16	100	55	80
	M 24	2528	26	32	19	105	60	90
	M 27	3200	30	32	19	130	70	100
	M 30	3852	33	36	19	140	80	110

表 3.5 (b) 標準試験片の寸法等（SN490 および SM490 の場合）

ボルトの等級	ねじの呼び	部材の有効断面積 (mm²)	孔径 d (mm)	母材厚 t_1 (mm)	側板厚 t_2 (mm)	板幅 W (mm)	はしあき e (mm)	ピッチ p (mm)
F 10T	M 12	432	14	12	9	50	30	50
	M 16	832	18	16	9	70	40	60
	M 20	1292	22	19	12	90	50	70
	M 22	1562	24	22	12	95	55	80
	M 24	1850	26	25	16	100	60	90
	M 27	2380	30	28	16	115	70	100
	M 30	2944	33	32	19	125	80	110

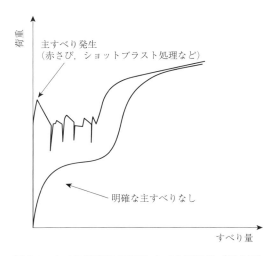

図 3.4 すべり試験時の荷重-すべり量関係（概念図）

3.6 接合部の組立て
3.6.1 組立精度

　高力ボルト接合を適切に行うためには，摩擦面処理が正しく施されていることに加えて部材接合面を密着することと，ボルト孔の食違いがないことが必要である．したがって，運搬時等に接合面に生じた曲がりやきずなどは，部材組立前に適切に修正しておく．ボルト孔周辺や部材へりのまくれ・ばり等は本来工場出荷時に除去されているものであるが，一部に見落しがあった場合は，工事現場で摩擦面を痛めないように注意して適切に処置する．

　工事現場では，工場で製作された製品相互を接合するので，接合部の組立精度は製品精度に大きく左右される．工場で製作された製品の精度は，本会の「鉄骨精度測定指針」によっている．しかしながら，同指針は基本的に単品規定となっているので，接合部に集結する製品相互の相対的な寸法差は，単品規定の許容差の累積となる可能性がある．

　一方，接合部の精度は，建方順序や接合手順，あるいは建入れ直しの手順等にも左右される．こ

のように,製作誤差と建方誤差が原因となって適切な接合部の組立精度が得られないことがある.それらは結果的に部材接合面の肌すきと,ボルト孔の食違い等の形であらわれる.

(1) 肌すきへの対策

接合部に生じる肌すきは,接合部のすべり耐力や剛性に大きな影響を与えるので,肌すきがある場合には,表3.6に従って適切なフィラーを挿入し,肌すきを1mm以下にする.肌すきが1mm以下のときは,通常の建築鉄骨に用いられるスプライスプレートの厚さのものではボルトの締付けによって材が密着するので,フィラーの挿入は不要である.極厚材・高強度材の場合は締付け時の材の密着が難しくなるので,より慎重に対処することが必要である.

表3.6 肌すきがある場合の処理

肌すき量	処理方法
1 mm 以下	処理不要
1 mm を超えるもの	フィラーを入れる

フィラーの表面の状態は,摩擦接合の場合,両面共部材の接合面と同様の状態であることが必要である.なお,ブラスト処理による黒皮(ミルスケール)の除去は,1.6mm程度の厚さの鋼板が適用限度のようである.これより薄い鋼板にブラストがけすると,反り・曲がりを生じて使いものにならなくなる.また,フィラーに用いる鋼材の材質は,母材の鋼種によらず400 N/mm^{2}級材として差しつかえない.引張接合の場合も接合面が密着することが重要であるので,肌すきを生じた場合にはフィラーを用いる.

なお,溝形鋼やI形鋼のフランジのような互いに平行でない面を締め付けたボルトには曲げ応力が生じ,ねじ部やボルト頭下に応力集中が生じるので,支障が起こりやすい.高力ボルトは,規格の上である程度の偏心応力にも耐えられるように機械的性質が規定されてはいるが,大きな偏心応力が生じることは好ましいことではないので,通常1/20の傾斜を超える場合は,勾配付き座金を使用するなどして補うこととしている.列ボルトのような場合は,図3.5に示すような勾配付き板を使用した上に平座金を用いるとよい.ちなみに溝形鋼のフランジの傾斜は5°(1/11),I形鋼のフランジの傾斜は8°(1/7)である.

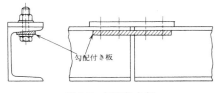

図3.5 勾配付き板

(2) 孔の食違いに対する対策

ボルト径に対する孔径の規定は,M 27未満は公称軸径+2 mm,M 27以上は公称軸径+3

mmとなっている．この程度の逃げ寸法があれば，通常ボルト孔の修正を必要とするような孔の食違いが起こる可能性は低いはずである．しかしながら，諸条件が不利な方向に重なってボルト孔が食い違い，ボルトの挿入に支障をきたすことがある．JASS 6 ではその食違いが2mm以下であれば，リーマがけによってボルト孔を修正してよいとしている．図3.6のような孔の食違いが2mm以下であればボルトは計算上挿入できるはずであるが，ボルト径と挿入孔径が同一の場合，ボルトをたたき込むことにもなる．たたき込んでねじ山を痛めるのを避けるため，リーマを用いてよいとしたものである．ただし，実際の有効断面積が設計時に想定した有効断面積より小さくなり，接合部性能に悪影響を与える場合があるため，リーマがけについては構造設計者の指示が必要である．特に，細幅系のH形鋼フランジ接合部や山形鋼・溝形鋼ブレース接合部など部材幅が限定されている断面では，有効断面積を確保することが難しいため，注意が必要である．やむを得ずリーマがけを行う場合は，リーマの径は使用ボルト公称軸径 +1.0 mm 以下のものを用いるべきである．なお，リーマの食付き部はテーパ状になっており，先端に向かって5〜6mm程度やせているので，その使用にあたっては，適用範囲を正しく管理しなくてはならない．

また，ボルト孔の食違いが2mmを超える場合は，ボルト孔を修正すると断面欠損が大きくなりすぎるので，添板を取り替えるなどの措置を講じる．

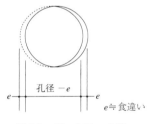

図3.6　ボルト孔の食違い

3.6.2　接合部の締付け施工

高力ボルトの締付けは，仮ボルトの施工が完了した接合部のボルト孔にボルトを挿入して手締めを行った後に，所定のトルクによる1次締め，マーキングおよび本締めの3段階の工程で行うことにより完了するのが基本である．これは，接合部の各ボルトに均等な張力を導入するために必要な手順である．

また，同様の趣旨から板の反りを外に逃がすことを考え，1次締め，本締めともにそれぞれ図3.7に示す順序で，接合部の中心から外側に向かって締付けを行うことを原則とする．

図3.8（a）に見られるように，柱と梁の接合部で引張接合と摩擦接合を併用する場合は，引張接合部（柱フランジ）の高力ボルトを先に締め付けて，次いで他の摩擦接合部の高力ボルトの締付けを行う．

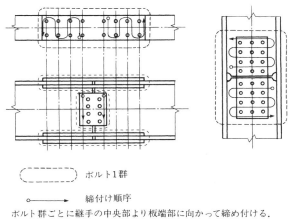

図 3.7 ボルトの締付け順序

また，図3.8（b）のように，柱と梁の接合部でウェブを高力ボルト接合，フランジを溶接接合とするときには，一般にウェブの高力ボルトの締付けをフランジの溶接に先行して行うこととしているが，これは溶接に伴う収縮変形に対して，建方時の骨組の寸法精度の維持を優先させたやむを得ぬ施工手順として行われているものである．しかし，ウェブの拘束が強い場合には，締付け後に行うフランジ部の溶接に伴う収縮変形を妨げることとなり，溶接部の拘束割れの発生原因となる可能性がある．したがって，このような接合部の接合順序については，フランジ，ウェブの板厚の関係や設計条件を考慮して検討を行い，適切に決定する必要がある．

施工的な解決の手段としては，ウェブのボルトを1次締めの状態でフランジの溶接を行うことが望ましいが，この場合には，フランジ溶接部の収縮が鉄骨の建方精度に与える影響を考慮して，変形の修正方法を別途検討しておく必要がある．

柱と柱の接合部および梁と梁の接合部において，ウェブを高力ボルト接合，フランジを溶接接合とする場合においても同様である．

その他接合部の寸法条件などにより，動力を使用するレンチによる締付けが行えない場合，予定する形式の高力ボルトの締付けが行えない場合などが想定されるときには，締付け機器，使用ボルトの種類の選定を含めて，施工の計画時にその処置を検討しておく必要がある．

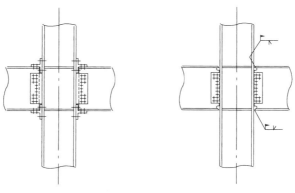

(a) スプリットティ接合の例　　　（b) 梁端混用接合の例

図3.8　フランジ部分とウェブ部分で接合法が異なる場合の例

3.7　高力ボルトの締付け

　JIS形，トルシア形高力ボルトともに導入ボルト張力は，表2.1に示す標準ボルト張力を目標として，接合部すべてのボルトにできるだけ均等に与えるようにする．なお，標準ボルト張力は，リラクセーションや施工のばらつきを考慮して設計ボルト張力の10％増しの値になっている．

3.7.1　JIS形高力ボルトの締付け

　JIS形高力ボルト締付けの一般的な方法として，トルクコントロール法とナット回転法がある．トルクコントロール法は，ボルトの締付けを締付けトルク値によって制御する方法であり，ナット回転法は，ねじの原理に基づいてナットを所定量回転させることにより，ボルトを締め付ける方法である．耐力点法などその他の工法によってボルトを締め付けることもできるが，その場合は，その仕様をあらかじめ定めておく必要がある．

(1) 高力ボルトの取付けと締付けに要する機器類

　まず，トルクコントロール法・ナット回転法のいずれにも共通したJIS形高力ボルト締付けに関する注意事項を述べる．

　高力ボルトの締付けは，ボルトの頭下およびナット下に座金を1個ずつ敷き，ナットを回して行う．セットを構成する座金およびナットには表裏があるので，ボルトを接合部に組み込むときには，逆使いしないように注意する〔図3.9参照〕．

　　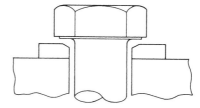

　　ナットは表示記号のある側が表　　　座金は内側面取りのある側が表

図3.9　ナット・座金の表裏

ナットは，等級の表示記号が締付け後に外側から見える向きに取り付ける．

座金は，表示記号が付けられていないので，座金の内側面取部がボルト首下部と合うように取り付け，ボルト首下部と座金内径部が干渉しあわないように注意する．ナット側に使用する座金についても，トルク係数値の安定，共回り防止のために，ナットに接する側に座金の内側面取り部をもってくることが望ましい．これは，JIS B 1186の規格自体がこの組合せから成り立っており，接合部の耐力も，この組合せで締め付けられた状態に対して設定されていることによるものである．したがって，工事現場での勝手な判断から座金の枚数を増加するようなことをしてはならない．ボルトの締付けにあたっては，一般にナットを回して行うことを基本としていることから，やむを得ずボルト頭を回して締め付ける必要のある場合は，実際の施工状況を考慮して適切な締付け施工条件を決定する．これは，ナットと座金間摩擦係数，ボルト頭と座金間摩擦係数が異なることの影響を考慮したものである．以上は常識的ではあるが，いずれも基本的な事項として守る必要がある．

ナットを回転させてボルトを締め付けていくと，ボルトがねじられることからボルトを単純に引っ張ったときの降伏荷重や破断荷重よりそれぞれ低い値を示す．その低下率は，通常5％から15％程度とされている．ボルト耐力の規格値に対する設計ボルト張力の比率は，2章に述べられているようにF 8Tで85％，F 10Tで75％に定められている．標準ボルト張力は，設計ボルト張力の10％増の値としているので，耐力の規格値に対してはそれぞれ93.5％，82.5％に相当し，前述のねじり応力が付加されることを考慮すると，高力ボルトは，応力度的にかなり厳しい使われ方をしていることを理解しておく必要がある．

高力ボルトの締付けやボルト張力の確認に用いる機器には，手動式トルクレンチ，動力を使用するレンチ（電動レンチ，気動レンチ，油圧レンチ），軸力計（油圧式軸力計，電気式軸力計）などがある．締付け作業の量，工期，騒音，動力源などの状況を考え合わせて，当該工事に適合した性能をもった機器を選んで用いる．締付け作業に使用する機器は，使用に先立ってその性能および特性をよく把握しておくとともに検定あるいは較正し，±3％の誤差範囲の精度が保てるよう必要に応じ調整の上，工事の進捗に支障を生じることのないようにする．また，工事中も日ごと，節ごとなどに適宜点検・整備しておくことが重要である．

高力ボルトの締付け作業をトルクコントロール法によって行う場合は，工事現場でこれから使用するボルトセットのトルク係数値試験を行い，社内検査成績書と比較検討するなど適切なトルク値を定めなければならない．

工事現場でのトルク係数値試験は，次の方法によって行う．各ロットの高力ボルトのセットごとに5本以上について，表3.7のボルト張力の範囲内で3つのボルト張力レベルにおいてトルク値を測定し，トルク係数値の平均とばらつきを調べ，社内検査結果と比較する．それらの差が5％程度以上異なるときは，その原因を調べ，使用できるかどうか検討する．トルク係数値が変動する原因としては　ボルトねじ部の打こん（痕），防錆油の変質，さびの発生，気温の変化などをあげることができる．

また，ナット回転法によって高力ボルトの締付けを行う場合は，工事現場でのトルク係数値試

表 3.7　トルク係数値試験におけるトルク値測定のためのボルト張力の範囲

ボルトの機械的性質による等級	ボルト張力（kN） ねじの呼び						
	M 12	M 16	M 20	M 22	M 24	M 27	M 30
F 10 T	54〜72	99〜134	155〜209	191〜259	223〜301	290〜392	354〜479

験を行う必要はないが，ボルトねじ部の打こん・さびなどはボルトの締付けに好ましいことではないので，注意する必要がある．

(2) 1次締め

　仮ボルトを残したまま残りのボルト孔に高力ボルトを挿入しスパナにより手締めした後，1次締付けまで完了する．その後，仮ボルトを外し高力ボルトに取り替えて，同様にスパナにより手締めした後に1次締付けを行う．この前提として接合部材は仮ボルトにより十分密着されていることを必要とする．仮ボルトは，鉄骨建方の工程で建入れ直しを行って所要の建方精度を得た後，鉄骨部材の位置を保持するために用いるものであるが，高力ボルト接合では，接合面の密着ということが重要な意味をもつことになる．すなわち，以下に述べる方法で高力ボルトを締め付けるとき，安定した導入ボルト張力を得るための前提として，仮ボルトによる接合面の密着が必要となる．このため，一般に仮ボルトは各ボルト群の1/3程度かつ2本以上用いるが，この程度の仮ボルトで部材間の密着が得られないような場合には，この仮ボルトをさらに強く締め付けるか，数を増すなどして，まず部材接合面を密着させておくことが必要である．なお，仮ボルトには中ボルトを用いて差しつかえないが，本締めに用いる高力ボルトを仮ボルトとしてはならない．

　1次締付け段階での締付けは，図3.10に示した締付けトルクまたはナット回転量とボルトに導入される張力との関係の初期の領域に相当し，両者の関係が比例関係を示すに至るまでの部分をカバーすることになる．なお，この領域ではボルトとナットのなじみなど，母材の接触状況によって両者は必ずしも比例関係を示さない点に注意する．1次締付けでは，標準ボルト張力の数分の1程度のボルト張力が得られればよく，ある程度のトルク値を設定して締付け作業を行うことが実用的である．このトルク値は，100〜200 N·m（M 16〜M 24）程度の範囲で決めればよく，JASS 6では，トルクコントロール法・ナット回転法に共通した1次締付けトルク値として，ボルトの呼びに応じ表3.7の値を提示している．また，1次締付けでは十分な部材の密着を図ることが重要な目的であるので，呼び径の5倍を超えるような締付け板厚が非常に大きい場合には，表3.7に示す値より大きめのトルク値で1次締めを行うことが必要となろう．表3.7に示す程度のトルク値は，やや長めの柄をもったスパナを用いることによって片腕で与えることができるが，工事現場での締付け位置，締付け姿勢，足場の差異，作業員の個人差，疲労などに起因する締付け作業のばらつきを考えると，ある一定のトルク値で締付け作業を反復して行うためには，プリセット式トルクレンチ（JIS B 4652）を用いるとよい．このトルクレンチは，比較的小形で

軽量なこともあって作業能率も上がり，かつ正確に作業を進めることができる．また，このような目的に使用できる動力式の締付け器具も開発されている．1次締め専用電動レンチは，使用前にボルト・ナット・座金がルーズになってガタがあると，設定より大きなトルクを出力するために1次締め時のナット回転量が大きくなり，本締めのナット回転量が小さくなる特徴がある．本締めのナット回転量を安定させるためには，めがねレンチで軽く手締めしてから1次締め専用電動レンチを使用することが望ましい．

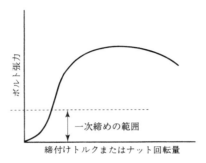

図 3.10　ボルト張力とナット回転量の関係模式図

(3) マーキング

工事管理上，1次締付けを終えたすべてのボルトには，1次締付け終了を示す何らかのマークを付けておく．このマークは，本締めを終了したときの作業完了を示すとともに，締付け後の検査に利用する．この目的で行うマーキングは，1次締付け終了後に図 3.11 に示すようにボルト・ナット・座金から部材表面にわたるマークとする．ナットを回転することにより生じるマークのずれによって，本締め締付け作業の完了が確認できる．このようなマーキングを行うと，締忘れの有無の確認だけでなく，ナット回転量，共回りの有無の確認も容易にできる〔写真 3.1 参照〕．共回りとは，ナットとボルト，ナットと座金などが一緒になって回ってしまう現象のことをいう．共回りが生じると，トルクコントロール法による締付けでは所定のトルク値まで締付けることができなくなるため，ボルトに導入される張力は不十分になる．また，ナット回転法による締付けではボルトに対して所定のナット回転角が与えられないため，ボルトに導入される張力は不十分となる．こうした現象をチェックするためにマークを付しておくことは，ボルト締付け施工管理上重要な意味をもつので，必ず実行しなければならない．

以上が1次締めまでのトルクコントロール法とナット回転法に共通した施工上の注意である．

表3.8　1次締付けトルク値（単位：N·m）

ねじの呼び	1次締付けトルク値
M 12	約 50
M 16	約 100
M 20	約 150
M 22	約 150
M 24	約 200
M 27	約 300
M 30	約 400

図 3.11　マーキング

左　1次締付け
中　1次締付け後マーキング
右　本締め終了後のマークの状態

写真 3.1　マーキング（締付け前・後）

(4) トルクコントロール法による本締め

トルクコントロール法による高力ボルトの本締めにあたっては，1次締付け後のボルトについて，ナットを所定のトルクで回転させることによってボルトに張力を導入する．これは，締付けトルクとボルト張力の比例関係を利用した締付け方法であり，両者の関係は (3.2) 式で表される．

$$T_r = k \cdot d \cdot N \tag{3.2}$$

ここに，T_r：締付けトルク（ナットを締め付けるモーメント）
　　　　k　：トルク係数値
　　　　d　：ねじの呼び径
　　　　N　：ボルト張力

(3.2) 式で明らかなように，正しい高力ボルトの締付け張力を確保するためには，トルク係数値 k のばらつきを小さくすること，安定して所定のトルク T_r をナットに与えることが必要である．このため，高力ボルトの製造・取扱いから締付け機器に至るまで多くの工夫と改良の努力が払われてきている．しかし，トルク係数値がボルトのねじ部のわずかな打こん・ごみの付着，防せい，潤滑油の状態あるいは気温の変動といったことに敏感に影響を受けることからもわかるように，トルクコントロール法による高力ボルトの締付けは，基本的に導入ボルト張力のばらつきが出やすい要因をはらんでいる．このため，ボルトの締付け管理には慎重な配慮を必要とし，さまざまな工夫が行われている．その一例を，図 3.12 にフローチャートにして示す．

この管理方法の考え方は，締め付けたボルトの張力を 1 本ごとに検出する実用的な方法がない以上，何らかの推定を基に管理を進めざるを得ないという考えに基づいている．すなわち，ボルト締付け作業の途中に行うキャリブレーションから得られるボルト張力に着目し，その時に調整した締付け器具をその状態を保つことによって所定のボルト張力が得られるという目安を得た上で，締付け作業に着手する．さらに締付け作業の進行に伴い，適当な間隔でキャリブレーションを繰り返して作業状態をチェックしながら作業を進める．すなわち，この方法の考え方は，

 ⅰ）キャリブレーションの状態が，実際の締付け作業でも再現される．
 ⅱ）キャリブレーションに用いる高力ボルトが，実際に用いる高力ボルト全体を代表している．

などを前提としていることになる．

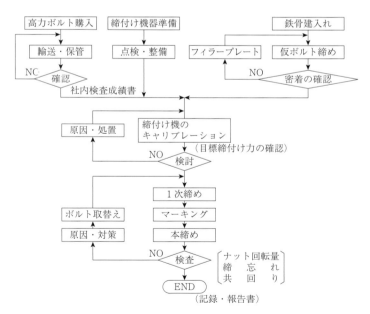

図 3.12　トルクコントロール法による高力ボルト締付け工事のフロー

1) 目標導入ボルト張力の設定

　高力ボルトの目標導入ボルト張力は，表2.1に示されている標準ボルト張力とする．表中の値は，JIS B 1186の耐力規格の下限値に対して設定されたもので，接合部耐力もこの値を基に定められている．しかし，実際の製品の耐力は規格下限値を上回っているので，社内検査成績書を参照して，目標導入ボルト張力を表2.1の値よりいくぶん大きい値に設定することも一部に行われている．これは設計上の接合部耐力を増やそうということではなく，導入ボルト張力がばらつくことによって設計ボルト張力を下回るボルトが生じる機会を少なくしようとするためのものである．

2) 締付け機器の検定・較正

　締付け作業に使用するトルクレンチ，軸力計，締付け器具については先に述べたとおりであるが，使用機器は工事規模に従って選ぶことが望ましく，数百本程度のボルトの締付けにはトルクレンチを用いることで十分であろう．また，これらの機器は思わぬ故障を生じることがあるので，締付けに着手する前には必ず点検・整備を行っておくとともに，工事中も適宜点検することが大切である．機器の思わぬ故障によって工事の進捗を妨げられることのないよう，予備機を備えておくといった配慮も望まれる．

3) 締付け機器の調整

　設計図書に基づいて工事現場に搬入された高力ボルトの等級・呼びに応じた目標導入ボルト張力が得られるよう，締付け器具を調整する．このために準備する必要があるのは，実際に工事現場で使用する締付け器具と軸力計である．

　動力による締付け機では，工事現場での使用条件を再現した状態で調整を行う．例えば，電気式であれば電源，電線径，電線長さなどの条件もそろえておく．次に工事現場で使用する高力ボルトと同じ条件の高力ボルトを軸力計にセットして，実際の締付けと同じ手順の二度締めによって得た5本以上のボルト張力の平均値が目標導入ボルト張力になるよう，器具を調整する．この際，締付け後の検査で必要となることがあるので，トルクレンチを用いて締付けトルク値を測定しておく．この過程で，一度使用した高力ボルトはすでにトルク係数値が変化していることから，再使用してはならない．したがって，高力ボルトは実際に鉄骨骨組に取り付ける数量のほかに，締付け器具調整用の数量を見込んで準備しておくことが必要である．この締付け器具調整に用いる高力ボルトは，工事現場で実際に用いるものと同一ロットのものであることを原則とする．この調整作業は1日に1回，特に始業時には行うことが望ましいが，その後の締付け作業状況や機器の安定状況によっては，適宜間隔を広げることもできる．

4) 高力ボルトの締付け

　高力ボルトの締付けは，上記の調整を終了した締付け機器によって行うことになるが，接合部で一群をなしているボルトを締め付ける場合，すでに締め付けられているボルトの張力は，他のボルトの締付けによって多少なりとも影響を受ける．したがって，すべてのボルトに均等な張力を与えるため，前出の締付け順序〔図3.7〕を守ることが必要である．

(5) ナット回転法による本締め

　ナット回転法による高力ボルトの本締めは，ナットの回転量とボルトに導入される張力の関係を利用して，ナットを所定量回転させて行う．この方法は，かなり以前からアメリカでは行われていたもので，施工上も容易でかつ明快な方法である．わが国でも1970年ころからナット回転法の実用化研究と工事現場での適用実績が重ねられたことから，本会「鉄骨工事技術指針」(1977年版) にその仕様が提示された．その後，若干の変更が加えられ「建築工事標準仕様書 JASS 6　鉄骨工事」(2007年改定) に受け継がれている．

　ナット回転法は，ねじの原理に基づいたボルト締付け方法であって，一見きわめて明快な方法のように見受けられる．しかし，その実用化にあたっては，多くの検討を必要とした．このことはアメリカのAISC規準に見られるナット回転法の仕様がたびたび変更されて今日に至っている事実からも推察できる．所定のボルト張力を安定して保持するために考慮しなければならない条件としては，高力ボルトの等級，呼び，締付け長さ，ボルトの変形性能，耐遅れ破壊性能，遊びねじ長さ，接合部の加工組立て精度など多くのものがあり，統一した施工条件を提示することは困難である．そこで上記の「鉄骨工事技術指針」，JASS 6 では，JIS B 1186 の規格による高力ボルトのうちから2種 (F 10T) を使用することを前提とした施工条件を提示している．

　ナット回転法に使用する高力ボルトのトルク係数値の種類については，トルクコントロール法による場合ほどそのばらつきに対して厳密に考える必要はなく，A種，B種のいずれを用いても差しつかえない．ただ，ナット回転法によって締付けを行う場合でも，締付けに伴いボルトに生じるねじり応力を少なくするとともに，締付けに対する抵抗が少なくなる意味でA種を用いることが望ましい．また，時に生じることのある共回りの現象もA種のほうが少ない．

　ナット回転法による高力ボルトの締付け管理方法のフローチャートを図3.13に示す．トルクコントロール法による場合〔図3.12〕に比べ，かなり簡単になっている．

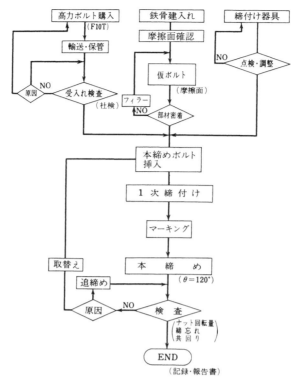

図 3.13 ナット回転法による高力ボルト締付け工事のフロー

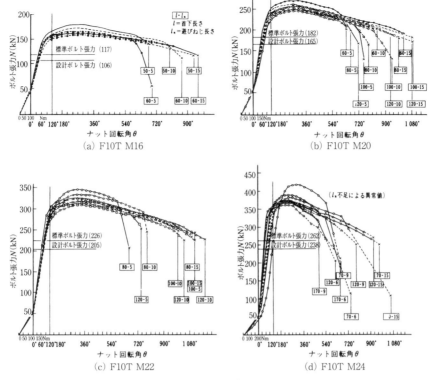

図 3.14 部材締付け試験結果（$N-\theta$）[2],[3]

1）ナット回転量

1次締付けを終了した後，さらに締め付けてボルトが降伏域に達するまでは，ナット回転量とボルト張力は，(3.3) 式で示される比例関係にある．

$$N \cdot \left(\frac{1}{K_b} + \frac{1}{K_p} \right) = \frac{p \cdot \theta}{360} \tag{3.3}$$

ここに，N ：ボルト張力

K_b ：ボルトのばね定数

K_p ：被締付け材のばね定数

p ：ねじのピッチ

θ ：ナットの回転量（度）

この状況は，図 3.14 に示す部材締付け試験結果例に見られるとおりである．

こうした検討結果を基にして，JASS 6 では実用的見地から，仮ボルトによる部材の密着後に1次締付けを行うという手順を経た後の本締めにおけるナット回転量として，120°±30°（M 12 は 60°，−0°＋30°）という値を提示している．この締付け方法の適用範囲は，ボルト長さ（締付け長さではない）がボルトの呼び径の 5 倍以下である．この範囲内でもボルト長さによって同じ

ナット回転量に対する導入ボルト張力は少しずつ異なったものとなるが、上記の適用範囲内での実用値として120°という値を採用したものである．120°という値は、ナットの1辺に対する中心角が60°であることから、マークによる締付け後の検査を目視で容易に行うことができて好都合である．また、ボルト長さをボルト径の5倍以下としているが、この範囲内で通常の鉄骨部材の接合用にはおおよそ間に合うようなことから、実用上の不便を生じることはまずないであろう．ボルト径の5倍を超える長さのボルトを用いる場合は締付けが不十分な場合が生じるので、実際の条件に基づいた実験を行って、1次締付けを含めて施工条件を決める必要がある．

2) 締付け機器

ナット回転法による本締めではナットを所定の回転量だけ回せばよいわけで、必ずしも特別な締付け機器を必要とはしない．ナット回転量を制御する機能をもつ動力式の締付け機器も実用化されているので、これを用いることにより作業能率の向上を図ることができる．従来用いられてきた締付け機器（インパクトレンチ、トルクレンチなど）でも、ソケットの外側に目印をつけておくことにより、先に述べたマークを頼りにナット回転量を制御して締付けを行うことも可能である〔図3.15〕．

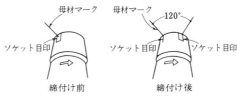

図3.15 ソケット部の目印

3.7.2 トルシア形高力ボルトの締付け

トルシア形高力ボルトは、締付けトルクが常にピンテールの破断トルクと等しくなるため、通常締付けトルクの精度はかなり良い．しかし、トルシア形高力ボルトは原理的にはトルクコントロール法により締付けを行うボルトであるから、何らかの事情でセットのトルク係数値が工場出荷後に変動する場合は、締付けトルク値の精度が良くても導入ボルト張力が変動する．この導入ボルト張力の変動がJSS II 09に規定された変動幅の範囲内にあれば、使用上の問題はない．この点を検討する場合は、工事現場に搬入された段階で、工事現場での施工条件に見合った条件下でボルトに導入される張力の確認試験を行うことをすすめる．試験は、ボルトの呼びごとに軸力計に合う代表ロットを選び、各5セットを任意に取り出して行う．そのロットについての導入ボルト張力の平均値が、検査時の温度に該当するJSS II 09の規定値を満足することを確認する．この規定値とは、試験時の温度条件が常温の場合には表3.9に示す値であり、0℃または60℃の場合には、表3.10に示す値である．

試験結果の判定は、あくまで試験を行った5セットの平均値について上記の規定値を満足するか否かを検討するものであり、個々のボルトについての導入ボルト張力がこの規定値を満足していなければならないということではない．試験をした5セットのボルトについての試験結果が上記の規

定値を満足していない場合には，そのロットからさらに10セットのボルトを取り出し，これらについて導入ボルト張力の確認試験を行う．この再試験結果の判定に際しては，初めの5セットの導入ボルト張力試験結果と無関係に行い，再試験の結果のみで試験したロットの適否を判断する．再試験でもJSS II 09の規定が満足できない場合は，納入された全製造ロットを交換するなどの処置をする．なお，この試験に用いる軸力計は，十分に精度の確かめられたものでないとトラブルの原因となるので，注意しなければならない．

表3.9 常温におけるトルシア形高力ボルトの締付け張力の平均値と標準偏差（単位：kN）

ねじの呼び	1セットロットの締付け軸力の平均値	1セットロットの締付け軸力の標準偏差
M 16	110～133	8.5 以下
M 20	172～207	13 以下
M 22	212～256	16 以下
M 24	247～298	19 以下
M 27	322～388	24 以下
M 30	394～474	30 以下

表3.10 0℃または60℃におけるトルシア形高力ボルトの締付け張力の平均値（単位：kN）

ねじの呼び	1製造ロットのセットの導入ボルト張力の平均値
M 16	106～139
M 20	165～217
M 22	205～268
M 24	238～312
M 27	310～406
M 30	379～496

トルシア形ボルトも，JIS形高力ボルトを締め付ける場合に説明したのと同様に二度締めすることが必要であり，1次締めトルクは，表3.8に示す値で行なうことを標準とする．

締付けにあたっては，JIS形高力ボルトの場合と同様に，1次締め終了後にボルト・ナット座金から部材表面にわたるマークを付ける〔図3.11〕．このマーキングはナット回転量・共回り・軸回りの有無を確認するために必要で，締付け後の検査のために欠かせない処置である．

本締めは，トルシア形高力ボルト専用の締付け機を用いて行い，ピンテールが破断するまで締め付ける．この締付け機は，ナットを回転させるアウターソケットとピンテールを回転させるインナーソケットからなっている．その機構上，アウターソケットが周辺の部材に接触したり，あるいはボルト頭側座面の摩擦抵抗力がナット側座面の摩擦抵抗力より小さくなると，ピンテールをつかむインナーソケットが回転して，軸回り現象を生じる．この状態でピンテールが破断した場合，一見

正しい締付けが行われたように見受けられるが，ボルトの頭と母材間が回転しセットのトルク係数値が変動しているため，ボルト張力は規定値から大幅にずれていることが確かめられている．

締付け位置によって，トルシア形高力ボルト専用締付け機が使用できない場合には，原則としてJIS形の高力ボルトと交換し，通常の締付け機またはトルクレンチを用いて締め付ける．ただし，トルクコントロール法またはナット回転法により適切なボルト張力を導入できる場合には，係員の承認を得た上でトルシア形高力ボルトをそのまま用いてもよい．この場合，締付け完了後もピンテールが残るため，現場管理上混乱を生じるおそれがあるので適用範囲を限定するのがよく，マーキングによる締付け管理を厳重に行う必要がある．

正常な締付けが行われていない場合は，別のトルシア形高力ボルトまたはJIS形の高力ボルトに交換して締め直す．ピンテールが破断していないボルトは締め直すか，それが困難な場合には，JIS形の高力ボルトに交換して締め直す．

3.8 締付け後の検査

本締めを終了した高力ボルトを検査する目的は，すべてのボルトに所定の張力が導入されているか否かを確かめることにある．先にも述べたとおり，導入ボルト張力を直接測定する実用的な方法がないため，間接的に推定する方法をとらざるを得ない．締付け作業の進行を追いかけながら検査を行って，締付け施工結果の良否を判断して後の作業に反映させていくことが望ましい．

3.8.1 トルクコントロール法による場合

トルクコントロール法による締付けを行った場合，1次締付けの後に付けたマークによりナットの回転量を目視によって検査する．一般に，標準ボルト張力が導入されたボルト群では，1次締め時に接合面が密着している限り，1次締付けを終了した状態を起点としてほぼ等しいナット回転量（60°前後）を生じている．したがって，このナット回転量を検査することによって，締付け作業が正しく行われたかどうかを確認することができる．もし，ナット回転量が著しくばらついているボルト群が発見された場合には，その群すべてのボルトについて指示式トルクレンチ（JIS B 4652）を用いてナットを追い締めし，ナットが回転を始める瞬間のトルク値を測定することによって締付け作業が正しく行われたかどうかを判断することができる．この結果，測定されたトルク値がキャリブレーションテストの際に得られた平均トルク値の±10％程度の範囲に納まっているものは合格と考えてよい．締めすぎていると判断されるボルトには過大なボルト張力が生じていることも懸念されるため，取り替える．締忘れ，締付け不足のボルトが認められたボルト群については，すべてのボルトを検査するとともに，所定のトルク値まで追い締めする処置をとる．

なお，ナット回転量にばらつきの生じる原因として，接合部材の密着不十分，1次締付け時のボルト張力のばらつきなどが考えられる．

3.8.2 ナット回転法による場合

ナット回転法による締付けを行った場合も，トルクコントロール法による場合と同様に，1次締

付けを行った後に付したマークを用いてナット回転量を目視によって検査する．締付け結果の適否の判定は，1次締付け後のナット回転量が120°±30°（M 12 は60°，−0°＋30°）の範囲にあるものを合格とする〔写真3.2参照〕．この範囲を超えて締め付けられた高力ボルトは取り替える．また，ナット回転量の不足しているボルトについては，所定のナット回転量まで追い締めする．トルクコントロール法・ナット回転法のいずれかによる締付けを行った際，共通してナットとボルト・座金などが一緒になって回転するいわゆる共回りの生じていることが認められる場合には，正しい締付けが行われていないと判断されることから，その高力ボルトは新しいものに取り替える．また，一度使用した高力ボルトセットは，もはや新品のときの状態を保っているとはいえないので，いずれの締付け方法によった場合も再使用してはならない．なお，追締めトルク値を測定して締付けの適否を判断しようとすることは，対象としているボルトセットのトルク係数値を把握していない状況にあるため，無意味である．

左　ナット回転量過小
中　ナット回転量過大
右　ナットとボルトの共回り

写真 3.2　ナット回転法による締付け　マークによる確認

3.8.3　トルシア形高力ボルトの場合

　トルシア形高力ボルトの締付け検査は，目視によって行う．ピンテールの破断とマークのずれによって本締め完了を確認するとともに，1次締付け後に付したマークのずれによって，共回り・軸回りの有無，ナット回転量などを目視検査し，いずれについても異常の認められないものを合格とする．

　目視の結果，ナット回転量については，あらかじめ規定値があるのではなく，群ごとの回転角に著しいばらつきの認められる群については，その一群の全ボルトのナット回転量を測定し，この平均回転角度 ±30° の範囲のものを合格とする．特記により許容範囲をこれ以下とすることは，随意である．なお，回転角がばらつく要因としては，板厚の公差，継手端部などの肌すきの影響が多い．また，不合格となったボルトは，新しいものに取り替える．締忘れのボルトは，異常のないことを確認した上で締め付ける．ピンテールが破断していても共回りの生じているボルトは，適正な導入ボルト張力が得られていないことが多いので，新品と交換して締め直す．

　ピンテール破断時には，JIS 形高力ボルトをトルクコントロール法によって締め付ける場合と同

様に，ナットがボルト軸に対してある量だけ回転するが，その回転量は呼び・首下長さなどによって異なる．しかし，適正な締付けが行われている場合には，同一群のボルトについて同程度の回転量を示すべき性質のものである．標準的な長さのボルトについてのナットの回転量は，おおむね60°程度であることが確かめられている．

なお，トルシア形高力ボルトについては，締付け後に追締めトルク値を測定して導入ボルト張力の適否を判断しようとすることは無意味である．それは，このボルトがピンテールの破断トルクが締付けトルクと等しくなる機構のボルトであるため破断トルクは安定しており，すべての追締めトルクもこれが再現されるだけのことである．さらにボルトのトルク係数値が把握されていない状況では，追締めトルク値からボルト張力を類推することはできないからである．

3.9 仮ボルト
3.9.1 仮ボルトの目的と留意事項

1987年版の「鉄骨工事技術指針」では，建方作業における部材の取付け用ボルトを「仮ボルト」，建入れ直し後の変形を防止し，本締め前に必要な肌合わせを行うための締付けボルトを「仮締めボルト」と呼んで，区別して記述されていた．しかし，建方直後からつねに骨組の安定を保つ必要があることから，この期間に予想される外力に対して必要なボルトを部材の取付け時に締め付けることとし，このボルトについて，本書では，JASS 6にならい「仮ボルト」と統一して呼ぶこととしている．なお，本締めのための肌合わせについては，本締めボルトのほぼすべてが摩擦接合用高力ボルトであり，その1次締め作業で肌合わせが達せられることから，「仮ボルト」の目的から除外してよい．

鉄骨部材を工事現場で組み立てるとき，仮ボルトを用いて部材相互を仮締めする．仮ボルトの目的は，下記のとおりである．

(1) 部材を組み立てる．
(2) 建入れ直し後の変形を防止し，本締めが正しく施工されるよう肌合わせする．
(3) 本締めが完了するまでに予想される外力に対して抵抗する．

高力ボルト接合においては部材接合面が密着していることが肝要であるが，JIS形高力ボルトもトルシア形高力ボルトも，1次締めは，部材の密着した状態を起点として締付け作業を行うことを前提としている．特にナット回転法による場合は，1次締めが正しく行われていないと，本締めの回転角での管理が無意味になる．トルシア形高力ボルトでナット回転量を検査する場合も同様である．このために，通常の数の仮ボルト（ボルト群に対して1/3程度かつ2本以上）では，部材の密着を得ることが難しい場合には，仮ボルトをさらに強く締め付けるとか，数を増やすなどして接合面の密着を図るようにする．

ねじ山のつぶれた古い仮ボルトは，十分な導入ボルト張力が得られないので用いてはならない．また，油まみれの仮ボルトでスプライスプレートを取り付けたまま搬入される大梁などを見かけるが，これはボルト孔まわりのすべり係数を低下させるので，油分のない仮ボルトを使用する必要がある．なお，仮ボルトの目的に本ボルトを兼用するようなことを行えば，建入れ時に高力ボルトに

きずがつき，正しい導入張力が得られなくなるので，本ボルトを仮ボルトに兼用してはならない．

3.9.2 仮ボルトの種類

仮ボルトには，原則として本締めボルトと同軸径の JIS B 1180（六角ボルト）および JIS B 1181（六角ナット）のセットを用いる．油などが付着してるものは，それを除去して使用する．溶接継手におけるエレクションピースなどに使用する仮ボルトは，高力ボルトとする．

本締め用の高力ボルトを仮ボルトに兼用すると，本締めまでの期間にナット潤滑処理面やねじ山が湿気などで変質する危険性が高いので，建方当日に本締め作業が終了できるなど特別な場合を除き，兼用してはならない．

3.9.3 仮ボルトの本数と配置

JASS 6 によれば，仮ボルトの本数と配置は以下のとおりである．
(1) 高力ボルト継手では，ボルト 1 群に対して 1/3 程度かつ 2 本以上をウェブとフランジにバランスよく配置して締め付ける．
(2) 混用継手および併用継手では，ボルト 1 群に対して 1/2 程度かつ 2 本以上をバランスよく配置して締め付ける．
(3) 溶接継手では，エレクションピースなどに使用する仮ボルトは全数締め付ける．

JASS 6 は一般的な標準を示したものであり，工事ごとに計算などによって接合部耐力の安全性が確かめられれば，上記の値に規定されるものではない．また「～程度」とは，その数の仮ボルトでも耐力上不十分な場合もあり得るということである．なお，具体的な仮ボルト接合部の耐力算定方法については，「鉄骨工事技術指針　現場施工編」に計算例が示されているので，参考にされたい．

参 考 文 献
1) 桑原進，山本達也，佐々木正道，一戸康生，福田浩司，川畑友弥，西尾大，橋田知幸，沼田俊之，多賀謙蔵：F 14T 級高力ボルトを用いた 1000 N 級鋼（950 N/mm^{2}鋼）摩擦接合部のすべり耐力　1000 N 級鋼の建築構造物への適用性，構造工学論文集，Vol.57B，pp.421-429，2011.3
2) 橋本篤秀，杉山正禱，松下一郎，守谷一彦：ナット回転法に関する実験的研究　その 5　ボルト軸力とナット回転量に及すボルト径の影響，日本建築学会大会学術講演梗概集，構造系，pp.1195-1196，1976.8
3) 橋本篤秀，松下一郎，守谷一彦：ナット回転法に関する実験的研究 その 8　F 10T　M24 ボルトの部材締付け特性，日本建築学会大会学術講演梗概集，構造系，pp.1327-1328，1977.10

4. 溶融亜鉛めっき高力ボルト接合

4.1 序

本章では，溶融亜鉛めっき鋼材を溶融亜鉛めっき（以下，めっきという）した高力ボルトで接合する構造物（以下，めっき構造物という）の設計・施工およびめっき高力ボルトそのものに関する一連の事項を簡明にとりまとめている．

めっき構造は，通常の鋼構造物とは異なる多くの特性を有している．それらは，4.2 節に詳述するように全てめっきを施すことに起因するもので，品質管理・設計・施工の各工程の作業が相互に深いかかわりを有している．めっき構造固有のさまざまな特性は断片的に理解するのではなく，相互の関連において把握することは重要なことと言える．ここでは，設計・施工等を担当する実務者が稀にめっき構造の実務に直面したり，めっき構造の特性を基本から学習する場合に，本書を利用されることを想定している．利用者の利便性と新工法の開発への一助となることを考慮して，めっき構造の法的位置付け・めっきに伴う技術的事項等の情報を本章に集約する．

母材の摩擦面となるところを部分不めっきとし，鉄素地面を残し，添板とともに通常のブラスト等で処理して通常の高力ボルトで摩擦接合し，その後，ボルト・添板外面等にジンクリッチペイントなどを塗って使用する限りは通常の高力ボルト摩擦接合と全く同じ取扱いでよいことになるので，ここでは対象としていない．

また，鋼材にめっきを施す場合のめっきの付着量は $550\,\mathrm{g/m^2}$（≒ めっき層 $80\,\mathrm{\mu m}$）以上とするのが普通であるが，JIS 認定を受けためっき工場で処理された一般的な鋼材では，めっきによって材質が損なわれることはないと考えてよい．そのため，部材や接合部の保有耐力等の検討は，通常の鋼構造の設計手順に従うものとしている．ただし，めっき鋼材にめっき高力ボルトを使用する構造物の設計にあたっての特殊性の 1 つとしては，めっきを施すために制約される部材形状やディテールの問題と接合部の構造設計とに大別して対応しなければならない．めっきを施す部材を溶接で組み立てるものではめっき前に溶接するのが原則であるので，その形状・最大寸法・溶接仕様などの設計は，主としてめっきを施す際の前処理のための各種の槽への浸漬や溶融した亜鉛の各部への浸入・流下・温度変化による変形とその拘束条件等に対する配慮が必要となる．めっきを施した鋼材は，通常の溶接方法では健全な接合部が得られないと考えておくのがよい．溶接部近傍を不めっきとして溶接すれば通常と同じであるが，ここでは対象としていない．

これらめっきを施す部材の設計やめっきの品質の詳細は，日本鋼構造協会編「建築用溶融亜鉛めっき構造物の手引（改訂版）」などを参照されたい．

4.2 めっき構造物の概要

鉄骨造建築物など鋼構造物の防せい・耐候性向上を目的として，鋼材に溶融亜鉛めっきを施すの

は経済性・耐久性の面からも極めて有効な手法である．建築鉄骨の露出構造物・プール屋上・温室をはじめとし，通信鉄塔など長期にわたり確実な防せいが求められるものや，メンテナンスフリー，長寿命の観点から他分野でも溶融亜鉛めっきを施すものが増加している．

このような構造物の接合に高力ボルトを用いる場合，防せい上の観点から，高力ボルトのセットも鋼材と同等の付着量を持つ溶融亜鉛めっきを施す必要がある．鋼材もボルトもめっき工程中の化学処理の後，500℃程度で溶けている亜鉛浴の中に鋼を浸漬し，拡散反応により鋼材表面に亜鉛と鉄の合成層を形成して，その表層に軟らかい亜鉛層が約 80 μm の厚さで付着する．普通鋼材は，めっき付着量 550 g/m² 程度のめっきを施しても鋼材の材質は変化しないと考えてよい．一方，JIS B 1186 に規定される高力ボルトセットの構成要素は，製造工程で焼入れ・焼戻しの熱処理により所定の機械的性質を確保していることと，トルク係数値のようにセットとしての諸性能も規定されている．これらは，めっきを施すことにより著しい影響を受ける．この結果，めっき鋼材をめっき高力ボルトで接合する構造物の設計・施工に際しては，部材や接合部の構造性能の確保上，めっきを施さない通常の鉄骨のものとは多くの点で異なった配慮が必要となる．

すなわち，ボルトとしての性能と防せい性能を損なうことなく，かつすべり係数 0.4 を確保するための摩擦面処理法と管理体制およびリラクセーション性状とめっき高力ボルトの性能を考慮したボルトの締付け施工の徹底が挙げられる．これらはめっきをする鉄骨の部材製作をはじめ，めっきの品質管理・設計・施工にまたがるすべての工程が相互に複雑に関連しあうものとなっている．これらの中には現行の建築基準法・同施行令の規定に抵触する事項を含むため，国土交通大臣の特別な認定の対象となるものも包含されている．

4.2.1 法的関連事項

溶融亜鉛めっきを施した高力ボルトのセットについては，公的な製品規格は存在しておらず，JIS の規格外の製品となっている．

建築基準法施行令によれば，建築構造物の主要な接合部に用いる高力ボルトは，JIS B 1186 に規定された規格品であることが原則である．この規格品以外の高力ボルトを用いる場合には，JIS B 1186 の規定に従う高力ボルトセットと同等の性能であることについて，建築基準法第 37 条に基づく国土交通大臣の認定を受けることが必要である（トルシア形高力ボルトはこの例である）．さらに，接合面にめっき層が介在する鋼材の摩擦面処理方法やすべり係数が規定されていない．したがって，めっきをした高力ボルト接合について，建築基準法・同施行令などには，構造計算に用いるべき許容応力度は，これまでと同様で現在も示されていない．これらは，改正された建築基準法の解釈に従えば，設計ごとに建築主事らの判断に負うところとなっている．建築基準法が改正される平成 12 年（2000 年）以前，めっき鋼材をめっき高力ボルトで接合する工法は，高力ボルトのセットの製品品質・基準張力，すべり係数を 0.4 とすること，摩擦面の処理法と管理法，ボルトの締付法，接合部の許容応力度，固有の施工管理体制など高力ボルトの品質ばかりでなく，接合部の力学的性能に関わるすべての項目が建築基準法旧 38 条による「特殊な工法・材料」の対象とされ，建物ごとに建設大臣の認定を取得して実用に供する扱いがなされていた．この認定を受けるために

は，構造上の諸問題について実験を含む詳細な技術資料を整えて，接合部としての性能があることを立証しなければならず，個々の設計者が対処するのは事実上困難な状況にあった．これに対処するため，当初，高力ボルトメーカー9社（現在は8社）[脚注]が，それぞれにめっき鋼材にめっき高力ボルトを組み合わせた高力ボルト摩擦接合する構造方法「溶融亜鉛めっき高力ボルト接合工法」と称して決められた設計施工指針・施工管理要領に沿った上，ボルトメーカーが認める資格者が施工するなど，限定された条件下で一般的に使用できる建設大臣（現国土交通大臣）の特別な認定を得て実用に供してきていた．この準拠法令であった建築基準法旧38条では，材料と施工管理などを含む接合工法が一括認定されていたが，平成12年に建築基準法が改正され，材料としてのめっき高力ボルトと接合部としての工法に区分して認定される形の建築基準法体系に移行した．これに伴い，改正建築基準法による溶融亜鉛めっき高力ボルト接合に関する法的関連事項の要点は，以下のとおりとなっている．

(1) 溶融亜鉛めっき高力ボルトセット

溶融亜鉛めっき高力ボルトは，JIS B 1186（摩擦接合用高力六角ボルト・六角ナット・平座金のセット）に規定される通常の高力ボルトセットの種類1種（F 8T）に溶融亜鉛めっきを施したものである．したがって，形状や引張強さなどはめっきの前後で同じF 8Tであるが，めっきを施してあるために法的にJIS規格品ではないとして取り扱われている．平成12年以降，建築基準法第37条2号に基づき，国土交通大臣による指定建築材料としての品質に関わる認定と合わせて基準強度の認定を取得した上で使用することとなった．平成28年現在，溶融亜鉛めっき高力ボルト技術協会加盟の各社[脚注]が製造しているボルトは，4.3節に詳述するように，JIS B 1186の六角ボルトでF 8Tと同等品としての大臣認定を取得しているので，使用上問題はない．これらのボルトについて，設計ボルト張力などはF 8Tとして扱えばよいこととなっている．ただし，締付け方法は，ナット回転法に限定されている．

なお，平成18年に高力ボルトメーカー1社がF 12T級のめっき高力ボルトの大臣認定を取得しており，その適用詳細は認定条件を参照されたい．

(2) 摩擦面の処理と許容応力度

建築基準法施行令第67条に関連する平成12年建設省告示第1464号「鉄骨造の継手又は仕口の構造方法を定める件」ならびに平成13年国土交通省告示第1024号「特殊な許容応力度及び特殊な材料強度を定める件」において，摩擦面に溶融亜鉛めっきを施す場合には，めっきされた摩擦面に表面処理を施し，その摩擦面のすべり係数に応じて構造計算を行うことと規定された．ただし，具体的な表面処理方法とそれに対するすべり係数値や確認方法については法的には明示されておらず，建築主事の判断によることとなっている．これに対しては，日本建築学会や従前の旧38条による「溶融亜鉛めっき高力ボルト接合工法」としての大臣認定時の溶融亜鉛めっき高力ボルト技術協会の設計施工指針等によって正式に認められ，今日まで多くの経験と実績ある後述の表面処理法

脚注 平成28年1月現在，大臣認定を得て製造・出荷しているボルトメーカー：神鋼ボルト㈱・日亜鋼業㈱・日鉄住金ボルテン㈱・滋賀ボルト㈱・日本ファスナー工業㈱・ユニタイト㈱・帝国製鋲㈱・月盛工業㈱

を厳格に守ることで，すべり係数0.40とすることが一般化し定着している．ただし，法体系上，新たな表面処理方法でも安定したすべり係数が得られることを実証し，建築主事が容認すれば，その方法・値を用いることも可能となっている．

(3) 施工管理体制

　高力ボルト接合においては，めっきの有無にかかわらず摩擦面の適切な処理と並んで設計の基準となる設計ボルト張力（平成12年建設省告示第2466号「高力ボルトの基準張力，引張接合部の引張りの許容応力度及び材料強度の基準強度を定める件」においては基準張力と称している）の確保が設計・施工上の条件であることは，法的にも規定されている．すなわち，高力ボルト接合では，適切な摩擦面の処理とボルトの締付け等に関する施工管理を行なうことが必要である．これを受けて溶融亜鉛めっき高力ボルト技術協会では，旧38条による大臣認定条件として昭和60年以来自主的に行ってきた施工管理技術者による摩擦面処理とボルトの締付けの施工管理ならびに施工技能者によるボルトの締付けの制度を踏襲することで対応している．

　これより，めっき構造物は大臣の認定を得た各社のめっき高力ボルトを使用するとともに，同協会の認定した資格者が同協会の制定する「設計施工指針」および「施工管理要領」に沿って設計・施工を行う限り適切なめっき構造となる体制が整えられ，社会的に定着した状況となっている．

4.2.2　めっきによる構造的事項

　高力ボルト摩擦接合の耐力機構の原理は，めっきの有無にかかわらずボルトの締付け力によって接合部材の接合面に生じる摩擦力で応力を伝達するもので，中ボルトやリベットのように直接ボルト軸断面が負担するものではない．ただし，終局耐力を評価するときは，当然ながらボルト軸断面のせん断強度に負うものとなる．この摩擦力の大きさは，接合面のすべり係数と高力ボルトの締付けによって生じる接合面の材間圧縮力の積によって決定される．したがって，ボルト1本，1せん断面あたりのせん断耐力（すべり耐力）は，次式で与えられる．

$$R_s = \frac{1}{\nu} \cdot \mu \, N_0$$

　ここで，R_s　：すべり耐力

　　　　　ν　：安全率（長期1.5，短期1.0）

　　　　　N_0　：設計ボルト張力

　　　　　μ　：すべり係数

　この式からわかるように，接合部の性能は安定的に確保できる高い締付け力とすべり係数に負うことになるが，前者はボルトセットの性能と各構成要素の機械的性質によって決定され，後者はめっき層のある鋼材の摩擦面の表面処理方法で決定される．摩擦面の処理法は，めっき鋼材の本来の目的である防せい性能を損なわない範囲で再現性の高い最適な方法を決定しなければならないこととなる．このとき，締付け後のリラクセーションが過大であってはならないことも考慮しなければならない．したがって，めっき構造は，めっき高力ボルトセットの諸性能ばかりでなく，部材加工時の摩擦面処理および現場施工時の高力ボルトの締付け施工にまたがる全工程が完全に実施されな

ければ安全な接合部が得られないので，大臣認定の範囲がめっき高力ボルト製品のみに留まらないこととなっている．

めっき構造物とする場合に関連する問題点を要約すれば，めっき高力ボルトに関しては，めっき可能高力ボルトの等級の選定，すなわちめっき浴槽温度と高力ボルトの焼入れ・焼戻し温度との関係，めっき前処理工程（特に酸洗）の遅れ破壊への影響，めっきの付着量，均一性，密着性，ボルト張力導入の方法，締付け力の安定的確保（リラクセーション量）の条件，ねじのオーバータップの適正量，ボルト締付け後の検査要領などが挙げられる．一方，めっき鋼材に関しては，めっき付着量の最適量，表面処理方法，すべり係数の設定などとなる．

このように，溶融亜鉛めっき高力ボルト接合部の構造性能を検討する項目は多岐にわたり，それらはいずれも相互に複雑に関わり合っており個別に性能を評価できるものではないが，大別すると，A．めっき高力ボルトに関する事項，B．接合部性能に関する事項，C．施工に関する事項に区別される．それぞれの要点を示せば，次のとおりである．

A．めっき高力ボルトに関する事項

1. ボルトセット構成要素の機械的性質
2. めっきの品質　　付着量・均一性・密着性
3. めっき前ナットのオーバータップの影響
4. ボルト締付け時性能　　ナット回転量とボルト張力・破断時ナット回転量・破断モード
5. めっき後のトルク係数値
6. 遅れ破壊性能　　塩水噴霧4000時間・海水浸漬2か年

めっき高力ボルトのセットについては，公的規格などで定められていないため，一般にはセットの構成要素のめっき前後の機械的性質がJIS B 1186の規格を満足するように配慮されているものの，ボルトは通常の寸法で製造したものにめっきを施し，ナットのねじははめ合いを図る上から，めねじの有効径を拡大（オーバータップ）して使用している．したがって，オーバータップの適正寸法・ナットのタップ立てとめっきの前後関係・めっき処理工程・亜鉛付着量・高力ボルトの焼戻し温度とめっき温度の関係が製品の機械的性質・トルク係数値・遅れ破壊などに及ぼす影響を考慮して，めっきの仕様・前処理などを決めることとなる．いずれにしても特別な高力ボルトに該当するので，めっき後のセットの性能がJIS B 1186の規定のいずれかのセットと同等であることを立証し，行政的に承認を得る必要がある．

すでに行政的に認められた溶融亜鉛めっき高力ボルトのセットの諸性状の概要は，以下に示すとおりである．これらの詳細は，参考文献1）を参照されたい．

ⅰ）ボルトセット構成要素の機械的性質

めっきの品質を満足するものについて，めっき条件を実験因子として構成要素それぞれに降伏応力度，最大応力度，伸び，絞り，表面硬さ，内部硬度分布，ナットの保証荷重などを実験により調査した結果の一例を表4.1，図4.1に示す．これらより，めっき高力ボルトのセットを構成するボルト・ナット・座金それぞれの機械的性質は，めっきの前後ともJIS B 1186（摩擦接合用

高力六角ボルト，六角ナット・平座金のセット）の1種（ボルトF8T，ナットF10，座金F35）に相当していることが認められる．

　F8T高力ボルトとF10のナットは，焼戻し温度がめっき浴温度より高いため，めっきを施しても問題はない．平座金はその焼戻し温度がめっき温度より低いため，めっき後の硬さが低くなるので硬さ規格下限値をJIS B 1186の座金の硬さ下限値HRC35より低くHRC25と定めているが，このめっき後の平座金もF35と称している．

表 4.1 めっき前後の機械的性質

※ JIS B 1186 の 1 種

項目		ねじの呼び	規格値※	めっき前	めっき条件								
					450 ℃			465 ℃			480 ℃		
					80秒	100秒	120秒	80秒	100秒	120秒	80秒	100秒	120秒
製品引張試験	(kN)	M 16	126 以上	143.4	143.3	143.9	144.2	144.3	142.8	143.0	143.3	143.4	114.0
		M 20	196 〃	227.4	227.3	227.8	226.2	227.7	226.8	226.2	226.9	227.0	226.3
		M 22	242 〃	275.9	275.6	275.6	274.4	275.8	275.4	276.0	275.1	275.7	275.8
		M 24	282 〃	323.6	323.7	324.9	325.7	325.2	324.5	324.7	323.2	324.0	323.4
ボルトの降伏応力	σ_y (N/mm²)	M 16	640 以上	862.8	867.7	871.0	866.5	865.5	867.7	862.8	869.3	868.3	865.7
		M 20		875.4	877.9	879.9	875.1	873.4	877.1	876.4	878.3	876.7	879.0
		M 22		863.3	863.9	864.5	866.8	865.8	860.5	857.5	867.7	864.4	864.7
		M 24		865.1	868.5	862.8	864.2	866.5	868.8	865.9	862.9	866.3	867.1
ボルトの引張強さ	σ_u (N/mm²)	M 16	800〜1000	909.3	914.7	916.3	912.0	912.1	913.6	909.1	916.5	914.4	911.9
		M 20		923.1	925.0	926.9	922.1	920.7	924.3	923.5	925.4	924.5	925.6
		M 22		911.1	911.0	911.6	913.5	913.5	907.9	914.1	913.9	911.6	912.3
		M 24		912.2	915.4	909.4	911.2	914.5	915.5	913.1	910.5	913.9	913.3
ボルトの伸び	(%)	M 16	16 % 以上	22.30	22.53	22.44	21.97	22.14	22.28	22.31	22.23	22.33	22.23
		M 20		22.52	22.37	22.38	22.23	22.44	22.13	22.33	22.29	22.78	22.40
		M 22		22.15	23.34	22.82	22.64	22.45	22.31	22.24	22.61	22.24	22.40
		M 24		22.39	22.27	22.46	22.27	22.19	22.27	22.35	22.34	22.26	22.14
ボルトの絞り	(%)	M 16	45 % 以上	72.36	72.25	71.93	72.61	71.75	71.85	72.19	71.67	72.25	71.86
		M 20		72.57	71.98	72.23	72.17	72.22	72.12	72.45	71.97	71.92	72.16
		M 22		72.15	71.88	72.38	72.33	72.01	72.19	71.94	72.86	71.83	72.14
		M 24		72.14	71.97	72.41	72.16	72.13	72.09	72.78	72.06	72.33	71.77
ボルトの硬さ	(HRC)	M 16	HRC 18〜HRC 31	27.72	27.87	27.75	27.84	27.78	27.86	27.70	27.71	27.69	27.74
		M 20		27.73	27.78	27.84	27.74	27.89	27.84	27.66	27.91	27.74	27.67
		M 22		27.75	27.71	27.87	27.73	27.59	27.78	27.72	27.67	27.89	27.74
		M 24		27.84	27.76	27.78	27.84	27.89	27.85	27.75	27.74	27.70	27.60
ナットの硬さ	(HRC)	M 16	HRB 95〜HRC 35	25.81	25.74	25.81	25.64	25.70	25.72	25.86	25.66	25.83	25.84
		M 20		25.78	25.77	25.66	25.69	25.77	25.58	25.83	25.94	25.70	25.66
		M 22		25.78	25.80	25.86	25.64	25.74	25.75	25.69	25.76	25.74	25.62
		M 24		25.72	25.82	25.79	25.76	25.66	25.79	25.65	25.81	25.72	25.71
座金の硬さ	(HRC)	M 16	HRC 35〜HRC 45	38.88	38.50	38.14	37.76	37.93	37.24	37.34	37.75	37.49	36.90
		M 20		38.90	38.49	38.08	37.83	37.80	37.35	37.38	37.73	37.43	37.06
		M 22		38.97	38.51	38.15	37.83	37.86	37.48	37.15	37.68	37.37	36.92
		M 24		38.82	38.42	38.12	37.95	37.83	37.37	37.15	37.86	37.40	37.05

[注] データは，すべて $n=25$ の平均値

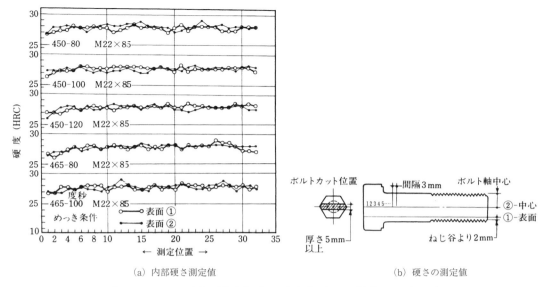

図 4.1 ボルトの内部硬度分布（めっき条件別）の平均値 $n=3$（HRC）

ii） めっきの品質

ボルトセットのめっきの仕様については，構成要素のすべてを成形後めっき処理することとしており，めっき種別は JIS H 8641-2007（溶融亜鉛めっき）の 2 種 55，HDZ 55 に従うものとなっている．なお，めっきの均一性は JIS H 0401-2013（溶融亜鉛めっき試験方法）規定の硫酸銅試験で 6 回以上を満足するものとし，めっき付着量は，塩化アンチモン法で 550 g/m^2（めっき厚さ約 80 μm）としている．密着性はハンマ試験によっている．このうち，ハンマ試験が最も厳しい試験となっている．これらめっきの品質は，フラックス処理とめっき浴温度が支配的な要因となっている．

ボルト・ナット・座金のめっき工程の概要は，表 4.2 に示すものが現行の一般的方法であり，めっき前の熱処理条件は，表 4.3 に示すものが普通である．

表 4.2 めっき処理工程の一例

行　程		内　訳
脱　脂	濃　度	5〜10 %
	温　度	60〜80 ℃
	浸漬時間	約 10 分
温 水 洗	水　温	80 ℃以上
乾　燥	時　間	10 分以上
ショットブラスト	粒　度	ボルト・ナット 0.3〜10 mm 座　金　　　1.5 mm
	時　間	ボルト・ナット 10 秒 座　金　　　15 分
表面洗浄 （塩　酸）	濃　度	5〜10 %
	温　度	常　温
	浸漬時間	20 秒以下
水　洗	温　度	常　温
フラックス処理	濃　度	10〜15 %
	温　度	90〜100 ℃
	浸漬時間	1〜3 分
乾　燥	時　間	5 分以上
め っ き	温　度	500〜480 ℃
	浸漬時間	2 分
たれ切り	時　間	ボルト・ナット 2 秒　　遠心分離 座　金　　　4 秒
塩化アンモニウム 処　理	濃　度	10 %
	温　度	90〜100 ℃
水　冷	温　度	40〜60 ℃
	時　間	10 秒以下

表 4.3 めっき前熱処理条件の一例

構成部品	等　級	焼入れ	焼戻し
ボルト	F 8T	880 ℃水冷	500 ℃水冷
ナット	F 10	920 ℃水冷	600 ℃水冷
座金	F 35	880 ℃水冷	270 ℃水冷

ⅲ）めっき高力ボルトセットの性能

　ボルト・座金およびねじ径を除くナットの形状寸法は，いずれも JIS B 1186 の規定に従っている．ナットのねじ部については，めっき前にタップ立てを行うものとして有効径を JIS B 0205（メートル並目ねじの規定値）より拡大し，ねじは，JIS B 0209（メートル並目ねじの許容限界

寸法及び公差）の 6H の精度としている．めっき後にナットをオーバータップすることは，ナットねじ部で鉄素地が露出して腐食の原因となるおそれがあるので禁止している．ナットをめっき前にオーバータップすることの影響について，各事項で実験を行ってセットとしての性能を確認した結果の要因は，以下のとおりとなっている．これらの詳細は，参考文献 2) を参照されたい．

a) 製品の引張試験

実験因子をナットのオーバータップ寸法，遊びねじ長さとして破断強度，破壊モード（ただし，ねじ抜けによる破壊は除外する），伸び能力等に着目した実験によると，オーバータップ量と伸び変形量（最大伸び量 $\varDelta\delta_{max}$／ねじピッチ P_i）のデータの一例は，図 4.2 に示すとおりとなっている．

これらの結果と後述のトルク係数を勘案し，オーバータップはめっき前に行い有効径で M 16，M 20 については +0.6 mm，M 20，M 22 で +0.8 mm 以内とすることで，製品の引張性能としては，JIS B 1186 の 1 種のセットの規定を充足するものになると判断され，実用化されている．

なお，遊びねじ山が少ないものではねじ抜けが認められるが，これは絞られる範囲が短いことによるもので，めっきの有無とは関係ない．

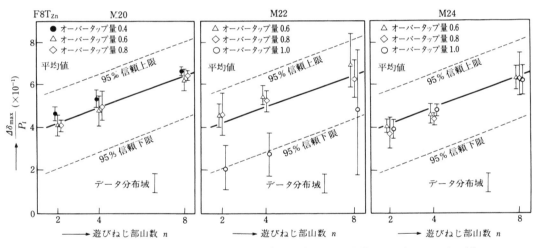

図 4.2 オーバータップと伸び変形量／ねじピッチ（図中回帰曲線はめっきなしのもの）[2]

b) 部材締付け試験

めっきした鋼板を積層し，オーバータップしたナットを用いめっきボルトセットを組み込み，密着状態から破断するまでナットを回転するもので，ナット回転量とボルト張力・伸び量・ボルト軸部のねじれ量，破断時までのナット回転量，破断モードなどに着目し，めっきなしボルトセットとの性能を比較している．実験因子は，遊びねじ長さ（ナット下に残るねじ部の長さ）および鋼板の接合面処理法としている．

オーバタップによる影響と思われるものとして，破断時までのナット回転角が約 1000° とめっ

きなしに比べ若干低目であるが,絶対値的には実用上問題はないものと判断している.この原因は,ねじ間のめっき層のかじり(接触部の損傷)によるものと推定されている.実験結果の一例を図4.3に示す.

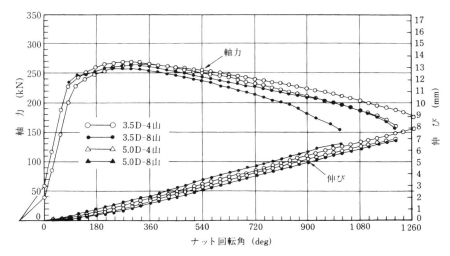

図4.3 ナット回転量ボルト張力・伸び量(M 22)

c) トルク係数値試験

この結果は,表4.4に例示するようにいずれもA種(0.110〜0.150)の範囲にあり,安定性も良好である.トルク係数の安定化は,めっき前のナットのオーバータップとめっき後にナット,座金に潤滑処理を施すことで対処しているが,めっき工程の最後に遠心分離機にかけることでめっきのたれ切れを良くしていることも,有効に作用したものとみなせる.なお,表面潤滑処理方法とトルク係数値の関係は,図4.4となっている.

表4.4 ねじの呼び別トルク係数値

($n=25$ の平均)

ねじの呼び	トルク係数値
M 16	0.124 ($\sigma=0.004$, CV$=3.2$ %)
M 20	0.119 ($\sigma=0.005$, CV$=3.9$ %)
M 22	0.126 ($\sigma=0.006$, CV$=4.5$ %)
M 24	0.128 ($\sigma=0.004$, CV$=3.4$ %)
M 27	0.129 ($\sigma=0.004$, CV$=3.6$ %)
M 30	0.125 ($\sigma=0.005$, CV$=4.1$ %)

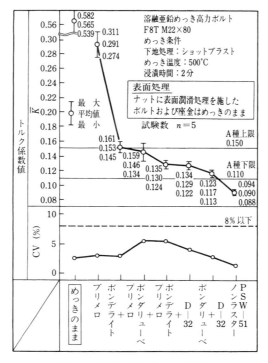

図 4.4　表面処理とトルク係数値

d）　遅れ破壊試験，耐候性試験

　めっきの品質を確保する必要上，めっき前処理工程でブラストの粉末を除去するために短時間ながら塩酸で洗浄する工程となる．このため，酸による遅れ破壊への影響およびめっきの耐候性を調べる目的から，4000 時間の塩水噴霧試験と約 2 か年の海水浸漬試験を実施している．試験体は，海水がボルトに接触するように溝付きの鋼板にボルトを締め付けたもので，ボルトの締付け力はナット回転量を標準値の 120°，促進の意味から 360° の 2 種類としている．測定は一定時間経過ごとにボルトを外し，縦断面マクロにより亜鉛層の減少状況とボルト，ナットの鉄素地部分での亀裂発生の有無を確認しているが，この期間では異常は生じていない．

e）　ボルト張力の導入方法

　ボルト張力の導入は，b）にある部材締付け実験に基づいてナット回転法の二度締めとすることとしている．首下長さが呼び径の 5 倍以下の場合では，1 次締めは M 16 で約 100 N·m，M 20，M 22 は約 150 N·m，M 24 では約 200 N·m，M 27，M 30 は約 250 N·m のトルクで締め付け，ここを起点として本締めとしてナットを 120° 回転させるものとしている．このナット回転法による導入ボルト張力は，標準ボルト張力の 30〜50％増のものとなる．このことから，設計に用いる設計ボルト張力としては，めっきなしの高力ボルトと同等にすることとしている．首下長さが 5 倍を超えるものでは部材締付け実験を行い，最適ナット回転量を設定するものとしている．このとき油圧の軸力計などは鋼材に比べ圧縮変形は大きいので，締付け実験に用いてはならないことに注意する．

B. 接合部性能に関する事項

7. 鋼材のめっきの品質
8. 摩擦面の処理方法
9. すべり係数とその安定確保の方法
10. めっき前孔あけのボルト孔径の拡大限界
11. リラクセーション

これらは接合面も付着量 550 g/m² 以上の溶融亜鉛めっきされている影響によるもので，最終的にはすべり係数の問題とリラクセーションの問題となる．

i) すべり係数

許容せん断力の決定に直接影響するものであり，かつ実構造物での再現性が高いものでなければならないことと，剛接合を期待するものであるからすべりの性状として主すべりを生じるパターンであることが必要との観点から実験的に調査している．それによると，すべり係数は溶融亜鉛めっき処理した鋼材そのままの状態では 0.15 から 0.35，平均 0.22 程度のすべり係数となる．

しかし，すべり荷重があまり小さくては摩擦接合としては効率が悪く，使用することはできない．そこで，一般には比較的簡単に安定してすべり係数を上昇させる方法として，ブラスト処理（ショットブラスト，グリットブラスト，サンドブラスト等）が行われている．この方法で表面粗さを $50\,\mu m Rz$ 以上にすれば，図 4.5 に示すように 0.45〜0.50 程度のすべり係数が得られることが実験的に確かめられている．これにより，設計用許容せん断力の算出には，摩擦面を 50〜100 $\mu m Rz$ の粗さにブラスト処理することとした上，すべり係数として 0.40 を用いること（普通鋼材では 0.45）としている．

なお，リラクセーション試験結果により，締付け 24 時間後までのボルト張力低下が大きいことから，このすべり係数確認実験では，すべり試験体にボルトを締め付けた後，24 時間経過後に引張載荷してすべり荷重を測定し，この荷重を初期導入ボルト張力で除したものをすべり係数とみなしている．

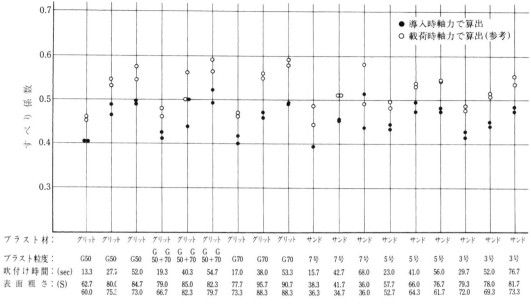

図4.5 すべり係数と表面処理条件

ⅱ) リラクセーション

リラクセーションは，高力ボルトで接合部を締め付けておくと，時間の経過とともに高力ボルトの導入張力が徐々に減少していく現象である．これは高力ボルトの締付けによる高い圧縮応力によって接合面が局部的に変形する現象と，高力ボルト自体のねじ面におけるなじみなどによって生じるものと考えられている．また，溶融亜鉛めっき高力ボルトの接合部では，高力ボルトセットのうち，座金の硬度が低下している点や接合面に介在する亜鉛めっき層が軟らかく，かつ接合面をブラスト処理することで凹凸をつけ粗くしていることの影響で，一般の鋼材の接合面より局部的圧縮変形（いわゆるへたり）が大きいため，一般の鋼材に比べて締付け力の減少が大きくなる．ただし，この現象は上述の原因で生じるものであるから，接合部を高力ボルトで締め付けた直後がもっとも大きく，その後しばらくの期間は明瞭に認められるが，時間の経過とともに小さくなるものである．

鋼材のめっき付着量，表面処理を実験因子として最大1年間のリラクセーション量を測定した結果は，図4.6に示すように，表面のブラスト処理の影響が表れ普通鋼材よりやや大きくなるものの，20％程度を見込めばよいと判断されている．また，締付け後24時間で相当量低下し，3か月以上ではあまり低下は増大しないことが認められている．このことは，すべり試験の方法〔4.6参照〕に反映させるとともに，標準ボルト張力より高めの締付けとなるナット回転法による締付けを行うことなどの背景となっている．

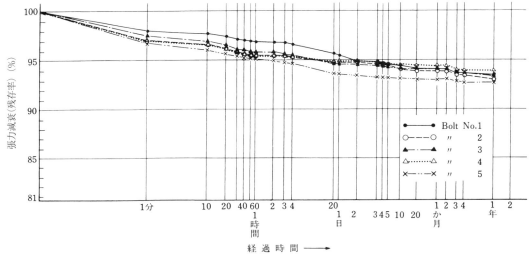

(a) めっきのまま 500 g/m²

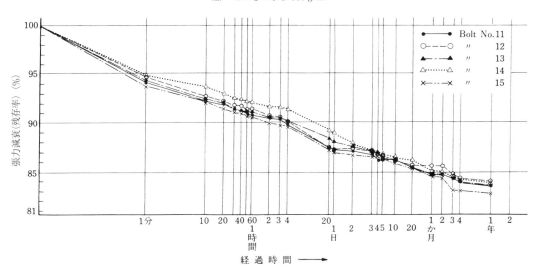

(b) めっき後グリットブラスト 550 g/m²

図4.6 リラクセーション

C. 施工に関する事項

12. ボルトの締付け要領と締付け後検査

13. 肌すき処理(フィラー挿入)

所定の締付け力が安定的に確保されなければ,摩擦接合は成り立たない.このため,めっき高力ボルトの締付け作業は,確実に標準ボルト張力が得られるようにナット回転法により2度締めで行うと規定されている.

一般に,高力ボルト締付け工法としては,トルクコントロール法とナット回転法がある.しかし,めっき高力ボルトはめっき後潤滑処理を行っているが,トルク係数値が必ずしも安定しているとは限らないので,ボルト締付け力がトルク係数値にあまり影響されないナット回転法に限定して

いる.

　締付け後，検査は目視によることとし，首下長さが呼び径の5倍以下のボルトでは，1次締め後に付したマークによるナットの回転量120°±30°としている．規定の範囲を超えて締め付けられた高力ボルトは，取り替える．また，ナット回転量の不足している高力ボルトについては，所要のナット回転量まで追締めする．

4.3　溶融亜鉛めっき高力ボルトのセット

　溶融亜鉛めっき高力ボルトのセットは，建築基準法第37条に基づいて同施行令67条，68条および92条の2の規定によるものと同等以上の効力を有するものとして，国土交通大臣の認定を得たメーカーの製品に限られる．これらの内訳は表4.5となっている．JIS B 1186が改訂され，ねじの呼びM27およびM30が追加された．これを受けて，その後の需要を想定して平成2年（1990年）に大臣認定品としてM27，M30および平成27年にはM12が追加申請が行われ，認定された．

　セットの構成は表4.5の溶融亜鉛めっき高力六角ボルト1個，溶融亜鉛めっき高力六角ナット1個，溶融亜鉛めっき高力平座金2個によって構成する．

　溶融亜鉛めっきの種別は，JIS H 8641（溶融亜鉛めっき）の2種55，HDZ55（めっきの付着量550 g/m² 以上）に従うものである．

表4.5　溶融亜鉛めっき高力ボルトの種類と等級と呼び

セットの種類		適用する構成部品の機械的性質による等級			ねじの呼び
機械的性質による種類	トルク係数値の種類	ボルト	ナット	座　金	M 12
					M 16　M 20
1種	A	F 8T	F 10	F 35	M 22　M 24
					M 27　M 30

4.4　接合部の設計
4.4.1　使用材料の材質・形状および寸法・許容応力度

　めっき鋼材の材質・形状および寸法・許容応力度は，建築基準法・同施行令および「鋼構造設計規準」による．

　「溶融亜鉛めっき高力ボルト接合設計施工指針」[3] に示されているめっき高力ボルトの長期，短期応力に対する許容せん断力および許容引張力を表4.6に示す．

表4.6 溶融亜鉛めっき高力ボルトの長期および短期応力に対する許容耐力

高力ボルト等級	ねじの呼び	設計ボルト張力 (kN)	許容せん断力 (kN)				許容引張力 (kN)	
			長期		短期		長期	短期
			1面摩擦	2面摩擦	1面摩擦	2面摩擦		
F 8T	M 12	45.8	12.2	24.4	18.3	36.6	28.2	42.3
	M 16	85.2	22.7	45.4	34.0	68.0	50.3	75.4
	M 20	133	35.4	70.8	53.2	106	78.5	118
	M 22	165	44.0	88.0	66.0	132	95.0	143
	M 24	192	51.2	102	76.8	154	113	170
	M 27	250	66.6	133	100	200	143	214
	M 30	305	81.3	163	122	244	177	266

めっき高力ボルトは，標準ボルト張力を確保するようにナット回転法で締め付け，せん断力は材間の摩擦力で伝えるものとする．上記許容せん断力は，すべり係数を0.4として下記により求めた値である．なお，めっき高力ボルトの許容耐力は，2章2.1.2項で示した許容応力度に基づく高力ボルトの許容耐力と定義が異なるので，注意が必要である．

　許容せん断力 $=0.4\,N_0\times 1/\nu\times m$ 　（長期 $\nu=1.5$，短期 $\nu=1.0$）

ここで，N_0：表4.6の設計ボルト張力（kN）

　　　　m：せん断面の数

ただし，引張力とせん断力とを同時に受けるときの許容せん断力は，通常の高力ボルトの場合と同様に，表4.6の値を以下の式によって低減する．

$$Q_{st}=Q_{s0}\left(1-\frac{T_1}{N_0}\right)$$

ここで，Q_{st}：この規定による許容せん断力（kN）

　　　　Q_{s0}：表4.6による許容せん断力（kN）

　　　　T_1：外力により高力ボルトに加わる引張力（表4.6の許容引張力を超えないものとする）（kN）

4.4.2 高力ボルト孔径

鋼材のめっき前に孔あけ加工することとして，めっき高力ボルト用の孔径は，表4.7に示すとおりである．これは，通常の高力ボルトの孔径と同じである．

表 4.7 めっき高力ボルトの孔径 （単位：mm）

ねじの呼び	公称軸径 (d)	ボルト孔径
M 12	12	14
M 16	16	18
M 20	20	22
M 22	22	24
M 24	24	26
M 27	27	30
M 30	30	33

4.4.3 めっき高力ボルトの締付け力

施工時の導入目標である標準ボルト張力は，後述の締付け施工手順に従うことを前提として通常の高力ボルトと同じ値を用い，表 4.8 としている．

表 4.8 標準ボルト張力

ボルト等級	ねじの呼び	標準ボルト張力（kN）
F 8T	M 12	50.4
	M 16	93.7
	M 20	146
	M 22	182
	M 24	211
	M 27	275
	M 30	335

4.4.4 めっき高力ボルトの首下長さの選定

めっき高力ボルトの首下長さは，通常の高力ボルトと同様に締付け長さに表 4.9 の長さを加えたものを標準とし，JIS B 1186 の付表 1（基準寸法）のうちからもっとも近いものとする．なお，長さが 5 mm 単位とならない場合は，2 捨 3 入，7 捨 8 入とする．

表 4.9 締付け長さに加える長さ （単位：mm）

ねじの呼び	締付け長さに加える長さ
M 12	25
M 16	30
M 20	35
M 22	40
M 24	45
M 27	50
M 30	55

4.5 施　　工

めっきボルトの施工手順は，図 4.7 に示すとおりである．

4.5.1　めっき高力ボルトの取扱い

1）受入れ

　めっき高力ボルトは，包装の完全なものを未開封状態のまま工事現場へ搬入する．搬入時には，荷姿外観・等級・サイズ・ロット等について確認する．

2）工事現場での取扱い

　めっき高力ボルトは等級・サイズ・ロットごとに区分し，雨水・じんあいなどが付着せず温度変化の少ない適切な場所に保管する．

　運搬・締付け作業にあたり，めっき高力ボルトはていねいに取り扱い，ねじ山を損傷しないようにする．

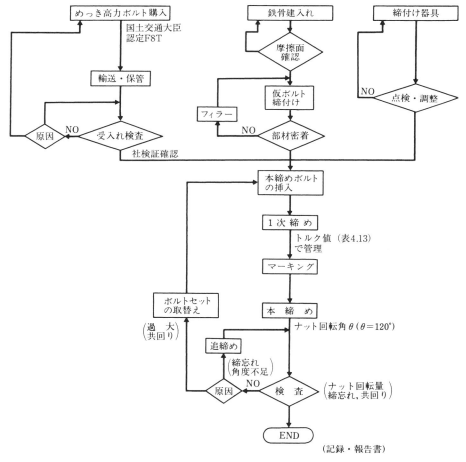

図 4.7　施工の手順

4.5.2 孔あけ加工

鋼材をめっきする前に，表 4.7 に示す径の孔をドリルであける．孔あけ後の孔周辺のまくれ，ばりはグラインダなどで取り除く．めっき後孔内面に残るたれなどは，やすりでていねいに取り除く．

4.5.3 摩擦面処理

摩擦面は，溶融亜鉛めっき後に合金層が残る範囲で軽くブラスト処理等を施し，摩擦面の表面粗さを $50\,\mu m Rz$ 以上として，すべり係数が 0.40 以上確保できるものとする．なお，屋外に放置しておくと，しばらくして白さびが発生することがあるが，この場合はブラスト面であれば，通常，所定のすべり係数は得られると考えてよい．

また，2009 年（平成 21 年）には，摩擦面処理にりん酸塩処理を使用することが一般認定の改定により認められた．溶融亜鉛めっき後，りん酸塩処理を施し，すべり係数 0.40 以上を確保できるものを基本とする．同処理を行う場合はすべり試験を実施し，測定値のすべてが所定の値以上であることを確認しなければならないが，りん酸塩処理作業条件が同じであれば，他の工事についてもその条件を有効とし，すべり試験は不要とすることができる．

すべり係数 0.40 以上を確保できることが明らかである場合には，これ以外の処理面としてもよい．ただし，その場合には処理方法を具体的に特記仕様書に明示するとともに試験を実施し，すべり係数が 0.40 以上あることを確認する．この場合の試験は，4.6.2 項「すべり係数試験」による．

溶融亜鉛めっきのままの摩擦面では，従来の実験によって得られたすべり係数は，0.10〜0.30 程度であり，すべり係数 0.40 以上を満足することができないので，摩擦面の処理には十分な注意をする．特に鋼材表面にめっきのたれなど局部的な突起を生じると，すべり係数は著しく低下するので注意を要する．

摩擦面および座金の接する面のじんあい・油・塗料等は，部材組立に先立ち，適当な時期に取り除く．ブラスト処理するときは，めっき面の金属亜鉛の光沢が一様に映え，表面がくもったような状態になる程度を目標とし，鉄素地が露出しないよう注意する．

　ⅰ）ブラスト処理

　　ブラスト処理は，コンプレッサーを使用する圧力式ブラスト装置または機械的に投射するエアレス式装置を使用する．表面粗さ $50\,\mu m Rz$ 以上にするブラスト処理条件の一例を表 4.10 に示す．

表 4.10 ブラスト処理条件の一例

エアー式			エアレス式	
項　目	条　件	条　件	項　目	条　件
ブラスト材	鋳鋼製グリット JIS G 5903 G 70 または G 50（混合可）	珪砂 3 号または 5 号	ブラスト材	鋳鋼製グリット JIS G 5903 G 70 と G 50 を 1：1 混合
空気圧力	0.4〜0.5 Mpa	0.4〜0.5 Mpa	ローター投射量	60 kg/min
使用ノズル	内径 9〜12 mm	内径 9〜12 mm	コンベヤー送り速度	2 m/min
吹付距離	約 30 cm	約 30 cm	吹付距離	約 40 cm
吹付角度	90±30°	90±30°	吹付角度	90±30°
吹付時間	30〜60 秒	30〜60 秒	吹付時間	—

[注] 吹付時間は標準試験体 4 体の片面をブラストするのに要する時間である．

部材は摩擦面以外をブラストしないように，ブラスト処理の境界にガムテープを貼ったり，ベニヤ板などで覆った状態でブラスト処理を行う．この境界は，図 4.8 に示すように摩擦面の外縁から約 5 mm 程度内側とし，添板で覆われる範囲とする．添板の摩擦面は全面ブラスト処理し，外面はめっきのままとする．

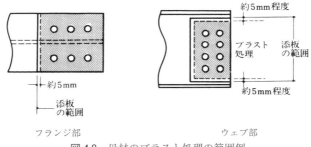

図 4.8 母材のブラスト処理の範囲例

ⅱ）りん酸塩処理

りん酸塩処理は，りん酸塩処理剤をはけなどで塗布したり，りん酸塩処理剤の浴槽に浸漬し，溶融亜鉛めっき表面にりん酸塩の結晶皮膜を形成させる摩擦面処理である．

りん酸塩処理を施すときは，表面が薄灰色にくもったような状態になる程度を目標とし，金属光沢が残らないように注意する．処理後は，「溶融亜鉛めっき高力ボルト接合設計施工指針」[3]の付録に掲載されている処理後の写真と比較するなどして目視確認をする．

同じ種類の処理剤を用いる場合は，はけなどによる塗布と浸漬による処理を施した板の組合せ（添板と母材）は認められる．しかし，異なる種類のりん酸塩処理剤を用いた板の組合せは，使用してはならない．塗布方法ははけ塗り，丸塗り，スポンジ塗り，ローラー塗りなどがあり，最適な作業要領が異なるので注意する．

りん酸塩処理の範囲は，ブラスト処理の場合と同様とする．

4.5.4 接合部の組立て

1) 接合部の組立精度

部材接合面の密着性保持に特に注意し,接合部材のひずみ・反り・曲りなどの矯正は,摩擦面を損傷しないよう適切な方法で行う.

部材接合面に肌すきが生じた場合の処理は,表 4.11 による.

表 4.11 肌すきが生じた場合の処理

肌すき量	処理方法
1 mm 以下	処理不要
1 mm を超えるもの	溶解亜鉛のめっきをして表面処理したフィラーを挿入し肌すきを 1 mm 以下にする

2) ボルト孔の修正

部材組立時に生じたボルト孔の 2 mm 以内の食違いは,リーマ掛けで修正することができる.ただし,修正したボルト孔内面は,防せい塗料などを塗布する.孔の食違いが 2 mm を超える場合は,添板を取り替えるなどの措置をする.

3) 組立時の仮ボルト

建入れ直し前の部材相互の接合は中ボルト等を用い,架構の安全が確保されるようボルト一群に対して 1/3 程度かつ 2 本以上で仮締めする.建入れ直し後,仮ボルトは,接合面が十分密着するよう締め付ける.

4.5.5 めっき高力ボルトの締付け

1) 締付け施工一般

(1) 高力ボルトの締付けは,表 4.8 に示す標準ボルト張力が得られるよう,4.7 節に述べる技能者の有資格者がナット回転法により行う.

(2) 高力ボルトの締付けは,高力ボルトに異常のないことを確かめた上,ボルト頭下およびナット下に座金を 1 個ずつ敷き,ナットを回転させて行う.

(3) ボルト頭下に座金を敷くときは座金の面取り部がボルト頭側になるようにセットし,ボルト頭下 r 部と座金内径部が干渉しないように注意する.

座金の面取り部が首下 r 部と接する

(4) 高力ボルトの締付けに用いるトルクレンチ・締付け機器などは,所要の精度が得られるよう十分整備されたものを用いる.

(5) 高力ボルトの締付けは,部材の密着を図ることを前提に 1 次締めおよび本締めの 2 段階で行

う．

2) 1次締め

1次締めは仮ボルトを締め付けて部材の密着を確認した後，本締め用の全ボルトについて，表4.13に示すトルク値でナットを回転させて行う．この1次締めトルク値は，本締めのナット回転角の起点とするために定めたもので，極めて重要な意味を持っている．

表4.12　1次締付けトルク値（単位：N·m）

ねじの呼び	1次締付けトルク値
M 12	約 25
M 16	約 100
M 20・M 22	約 150
M 24	約 200
M 27・M 30	約 250

1次締め時のボルト張力は，M 16で約40 kN，M 20，M 22で約50 kN，M 24で約60 kN，M 27，M 30で約70 kN程度導入されるが，本締めは1次締めのボルト張力が影響しないナット回転量で行うことにしてあるので，1次締めの締付けトルクやボルト張力は検定しなくてよい．

締付け機器はあらかじめ締付けトルクを設定でき，そのトルクになると締付け機能を失う機構のプリセット式トルクレンチを使用するのが望ましい．めがねレンチを使用する場合は，締付け作業に先立ち，1次締めトルク値が得られる人力の入れ具合をトルクレンチで確認し，その要領をつかんでから作業に入ることとする．プリセット式トルクレンチを図4.9に示す．

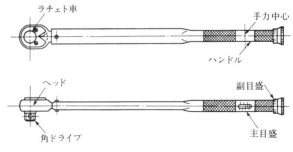

図4.9　プリセット式トルクレンチ

3) マーキング

1次締付け後，ボルト・ナット・座金および部材にわたるマークを施す．

マーキングは，1次締めの確認，ナット回転量の測定，締忘れの発見，ボルト，ナット，座金の共回りの発見などのために行うものであり，極めて重要な意味を持っているので，全ボルトについてていねいに施す〔図3.11参照〕．

4）本締め

　1次締め後に施したマークを起点として，ナットを回転させて本締めする．首下長さがボルト呼び径（d）の5倍以下のものでは，ナット回転量は120°とする．

　このナットの回転量は，首下長さ $5d$ 以下のものについて，4.2.2 b) の部材締付け実験により，標準ボルト張力に対して必要十分なボルト張力が得られることを確認して定めたものであるので，厳守しなければならない．首下長さが $5d$ を超える場合には，鋼板を締め付け，ナット回転角とボルト張力の較正を行って適切なナット回転角を設定する．このとき，ロードセルなど油圧系の軸力計を締め付けるのは無意味である．すなわち，被締付け材のばね定数が異なるため，ボルトを締め付けたときの鋼板の圧縮変形に比べて軸力計などの圧縮変形は相当に大きくなり，その分，同一ボルト張力に対するナット回転角が大きくなるからである．

　本締めは，ナットを規定の角度だけ回転させれば，人力または機械力いずれの方法によって行ってもよい．締付け本数が多い場合には，何らかの機械力を利用したほうが効率的である．なお，ナット回転角自動制御装置の付いた機器も開発されているので，その仕様の一例を表4.13に示す．

表4.13　ナット回転法用締付け機器仕様例

適用ねじの呼び	M 16, M 20, M 22, M 24	M 24, M 27, M 30
電　　　源	単相交流 200 V　50〜60 Hz	同左
電　　　流	6.8 A	7.5 A
回転角制御範囲	0〜999°	90〜240°
回転角最小調整目盛	2°	5°
トルク制御範囲	8〜120 kgh・m	—
重　　　量	11.0 kg	8.8 kg

4.5.6　締付け後の検査

締付け後の検査は，次による．

(1) 締付けを完了した高力ボルトは，逐次締付けの適否を検査する．

(2) 接合部のすべてのボルトについて，1次締め後に付したマークにより，目視で所要のナット回転量が与えられているかどうか検査する．首下長さが呼び径の5倍以下のものでは，規定のナット回転量120°に対して ±30° の範囲にあるものを合格とする．この範囲を超えて締め付けられた高力ボルトは，取り替える．また，ナット回転量の不足している高力ボルトについては，所要のナット回転量まで追締めするか，もしくは取り替えて締め直す．

(3) ナットとボルト・座金などが共回りを生じている高力ボルトについては，新しいものに取り替える．

(4) 一度用いた高力ボルトは，再使用してはならない．

4.6 めっき高力ボルト摩擦接合すべり試験

溶融亜鉛めっきを施した鋼材の摩擦面のすべり耐力またはすべり係数を確認する場合，本節に従って行う．なお，溶融亜鉛めっき高力ボルト摩擦接合部のすべり性能確認試験は，特別な場合を除きすべり耐力試験を行えばよい．

4.6.1 すべり耐力試験

1) すべり試験に用いる試験体

試験は，実際の継手または同一条件で別につくられた試験体で行うのが望ましい．試験機その他の事情により実際の継手もしくはそれに近い試験体で行えない場合は，ここに示す標準試験体3体を用いる．

標準試験体による場合は，実際の継手との関連を十分検討し，特に摩擦面の状態については，実際の摩擦面を再現していることが必要である．

標準試験体の材質の組合せは実際の構造物に用いるものと同材とするが，SN400，SS400，SM400，SN490，SM490などの鋼材の場合では，SS400材を用いてもよい．

試験体の形状寸法は，表4.14による．

表 4.14 標準試験体の形状・寸法（400 N/mm² 級鋼材の場合）

ボルトの等級	ねじの呼び	部材の有効断面積 (mm²)	孔径 d (mm)	母材厚 t_1 (mm)	側板厚 t_2 (mm)	板幅 W (mm)	はしあき e (mm)	ピッチ p (mm)
F 8T	M 16	912	18	16	9	75	40	60
	M 20	1387	22	19	12	95	50	70
	M 22	1672	24	22	12	100	55	80
	M 24	1975	26	25	16	105	60	90
	M 27	2660	30	28	16	125	70	100
	M 30	3264	33	32	19	135	80	110

2) すべり試験に用いる高力ボルト

試験に用いる高力ボルトは，実際に使用する種類，呼び，ボルト長さとし，工事現場で使用する高力ボルトと同一ロットであることが望ましい．少なくとも，同一製造条件のものを用いることとする．

3) 試験体の組立て

試験体の組立てにあたっては，すべりが生じる前にボルト軸にせん断力が働かないようにボルトを孔の中央にセットし締め付ける．ボルトの締付けは，4.5.6項「めっき高力ボルトの締付け」に従ってナット回転法で行う．なお，組立て前に摩擦面の油，ゴミ等の異物は除去し締め付けた後，試験体にすべり確認用のケガキ線を入れる．

4) 試験

すべり試験は，3体とも試験体の組立て以降，24時間以上経過した後に行う．

荷重はすべりを生じるまで単調引張加力し，すべりの確認は，下記いずれかの現象による．

(1) すべり音を発したとき
(2) 引張試験機の針が停止し激しく低下したとき
(3) 試験体のケガキ線がずれたとき（必要に応じて変位計を取り付ける）

一般に，すべり荷重に達すると音を伴って明瞭なすべり（主すべりという）を示すが，すべり音を発しない場合は(2)，(3)により確認する．主すべりが生じず，ずるずるとずれを生じるものは摩擦接合とは認めない．

5) 判定

上記結果より，すべてのすべり荷重が短期許容せん断耐力の1.2倍以上あれば合格とする．ここで，短期許容せん断耐力＝設計ボルト張力×0.4×摩擦面数×ボルト本数である．摩擦面数2面，ボルト本数2本の場合は，表4.15のとおりとなる．

表4.15 短期許容せん断耐力×1.2

ねじの呼び	M 16	M 20	M 22	M 24	M 27	M 30
短期許容せん断耐力×1.2 (kN)	164	255	317	369	480	586

4.6.2 すべり係数試験

接合部のすべり性能確認としては，原則として4.6.1項のすべり耐力試験でよいとしているが，摩擦面処理法を変えるなどして摩擦面のすべり係数を確認する必要がある場合には，本項のすべり係数試験による．

1) 試験体，使用ボルトおよび試験

すべり係数試験に用いる試験体，使用ボルト，その他，試験方法等は，以下の点を除きすべり耐力試験と同じとする．

使用ボルトの導入張力の測定が不可欠であり，ここはボルト軸部（円筒部）にひずみゲージ

（W.S.G）を貼付して，ひずみを検出することにより行うことを原則とする．この場合，ひずみゲージを貼付した高力ボルトは同一種類，呼び，ボルト長さごとに3本程度についてアムスラー試験機などを用いて引張較正試験を行い，あらかじめボルトの引張荷重 P とひずみ ε の P — ε 関係を求めておく必要がある．

2）試験結果

すべり係数は，次式にて算出する．

$$\text{すべり係数算出式} \quad \mu = \frac{P}{m \times n \times N}$$

ここに　μ：すべり係数　　　N：導入ボルト張力
　　　　m：摩擦面の数　　　P：すべり荷重
　　　　n：締付けボルト数

3）判定

上記結果より，3体すべてのすべり係数 μ が基準の 0.40 以上を満足すれば，合格とする．

4.7　めっき高力ボルト接合の施工管理

4.7.1　施　工　者

接合部の性能確保には，現場施工によるボルトの締付け力の管理は不可欠である．このため，メーカーが前述の旧38条によって「溶融亜鉛めっき高力ボルト接合工法」として建設大臣による一般認定を取得したとき，施工管理はそれぞれの「メーカーの技術者またはその代理者があたる」こととしていた．しかし，その後，この工法の認定取得メーカーが複数化したこと，めっき高力ボルトは各社同等の品質レベルにあること，同じ内容の設計施工指針，施工管理要領を用いていること，さらにめっき構造物の健全な普及を図る上で，メーカーの代理者となる者の技術・技能レベルの平準化および一般化を図るために，公平な審査による資格者制度が望まれるところとなった．このため，認定取得全メーカーの代表者と学識者からなる「溶融亜鉛めっき高力ボルト技術協会」を設立して技術面での支援と資格者を認定する制度が発足し，昭和60年以来の実績を経てこの資格者制度は社会に定着しており，現在も継続している．

資格者の認定は，同協会内の「溶融亜鉛めっき高力ボルト接合施工技術者等資格認定委員会」が講習会と試験を実施している．その合格者に対し，メーカーの技術者と同等の資格で設計と施工管理，すなわち，めっき高力ボルト接合の施工に関する接合面の状態の適否の判定，適正なボルト締付けの確認または講ずべき必要な措置等の判断を行える「溶融亜鉛めっき高力ボルト接合施工技術者」（以下，技術者という）と，めっき高力ボルトの締付け作業にあたる資格者として「溶融亜鉛めっき高力ボルト接合施工技能者」（以下，技能者という）の2種類の資格を認定して，該当者に資格証を交付している．この資格者は，どのボルトメーカーのめっき高力ボルトを使用する工事においても共通して有効な資格となっている．ただし，次項に示す同協会の施工管理要領[4]に示されていることを遵守することとしている．

4.7.2 溶融亜鉛めっき高力ボルト接合工法施工管理

建築基準法第37条に基づき，国土交通大臣により「溶融亜鉛めっき高力ボルト接合」工法を一般的に使用できる認定を取得したボルトメーカー各社は，資格を認定された上記の技術者と技能者と協力して，次のとおりの施工管理を行っている．

1) 摩擦面の検査・確認

(1) ブラスト処理の場合

一般認定取得メーカー各社は，それぞれ以下の手順で溶融亜鉛めっき高力ボルト接合に用いる鉄骨の摩擦面のブラスト処理等について，適否の検査・確認を行う．

技術者は，使用するブラスト装置でのブラスト処理条件を把握するため，以下に述べる試験片を2体作成する．試験片は約100 mm×約100 mmの大きさで，板厚は6 mm以上とする．材質はSS400または実部材と同じものとし，溶融亜鉛めっき後，その表面粗さがめっき構造物の摩擦面である50 μmRz以上の粗面となるよう，一面をブラスト処理する．裏面は，溶融亜鉛めっきのままとする．

ブラスト処理を施した2体の試験片について，技術者がブラスト作業条件の記録とともに技術協会または協会員の一般認定取得メーカーへ提出する．提出を受けた一般認定取得メーカーは，試験片の表面粗さを測定し，適否を判定（表面粗さ50 μmRz以上を確認）する．適と確認された試験片は，溶融亜鉛めっき摩擦表面粗さ標準試験片として測定結果とともに鉄骨製作業者または技術者へ1体を返却し，1体は技術協会として提出を受け，表面粗さを測定した一般認定取得メーカーが保管する．表面粗さ標準試験片は，2体とも表面粗さを確認した一般認定取得メーカーが，図4.10の表示ラベルを貼付する．

返却された標準試験片は，技術者にとって照合用標本となる．ブラスト作業条件が同じ場合は他の工事についても有効とし，そのブラスト処理方法については，以後の試験片の提出は不要とする．しかし，技術者や鉄骨製作業者がブラスト作業条件を変更した場合は，改めて前述の試験片を再度作成して再提出するものとする．

(2) りん酸塩処理の場合

技術者は，使用するりん酸塩処理剤のりん酸塩処理条件を把握するため，以下に述べる標準試験片2体作成する．試験片は約70 mm×約150 mmの大きさ（孔付き）とし，板厚は1.6 mm以上で材質はSS400または実部材と同じものとし，溶融亜鉛めっき後にその表面がめっき構造物で用いる条件であるりん酸塩処理皮膜となるよう，一面をりん酸塩処理する．他の一面は，溶融亜鉛めっきのままとする．ただし，浸せき法でりん酸塩処理する場合に両面処理となるのはやむを得ない．

技術者は，りん酸塩処理を施した2体の標準試験片と，すべり試験体またはすべり試験結果報告書とを技術協会員のいずれかの一般認定取得メーカーへ提出する．提出を受けた一般認定取得メーカーは，適否を判定する．適と確認された場合は，標準試験片の写真を取り，鉄骨製作業者へ標準試験片1枚と写真1枚を返却し，標準試験片1体と写真1枚は，技術協会用として提出を受け表面状態を確認した一般認定取得メーカーが保管する．2体の標準試験片には，適否を確認

したメーカーが図4.10に示す表示ラベルを貼付する.

　返却されたりん酸塩処理標準試験片およびりん酸塩処理標準試験片の写真は，技術者にとって照合用標本となる．りん酸塩処理条件が同じ場合は，他の工事についても有効とし，そのりん酸塩処理方法については，以後の標準試験片の提出は不要となる．しかし，鉄骨製作業者がりん酸塩処理作業条件を変更した場合は，改めて前述のすべり試験体とりん酸塩処理標準試験片を再度作成し，いずれも一般認定取得メーカーへ再提出するものとする．

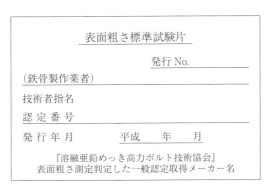

図4.10　表示ラベル

2) 施工管理

　技術者は，工事現場で次の (1)，(2) について検査・確認の上，別紙の「溶融亜鉛めっき高力ボルト接合施工管理検査報告書」に必要事項を記入して，ブラスト処理，りん酸塩処理ともに，それぞれの前記の表面状態の標準試験片を確認したボルトメーカーまたは当該工事に使用しためっき高力ボルトメーカーに送付する．メーカーは当該書類を確認の上，保存する．なお，りん酸塩処理の場合は，標準試験片と工事に使用する処理剤が同じであることを確認する．

(1) 摩擦面の処理の適否を保管している各標準試験片と工事現場の鉄骨部材を目視比較することで確認する．
(2) ボルトの締付け作業が設計施工指針に示されるナット回転法により正しく行われていることを確認する．締付け施工は，技能者または技術者資格を有する者が行う．

　施工管理関係を図4.11に示す．

参 考 文 献

1) 橋本篤秀：溶融亜鉛めっき高力ボルト接合の評定について，ビルディングレター No.254, pp.1-16, 1990.9
2) 橋本篤秀：溶融亜鉛めっき高力ボルト（F8T）の単純引張り時特性状，日本建築学会論文報告集，第338号，pp.77-87, 1984.4
3) 溶融亜鉛めっき高力ボルト技術協会：溶融亜鉛めっき高力ボルト接合 設計施工指針 2010改定, 2010
4) 溶融亜鉛めっき高力ボルト技術協会：溶融亜鉛めっき高力ボルト接合 施工管理要領 2010改定, 2010

4. 溶融亜鉛めっき高力ボルト接合　—127—

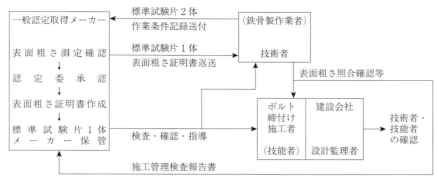

ブラスト処理の場合

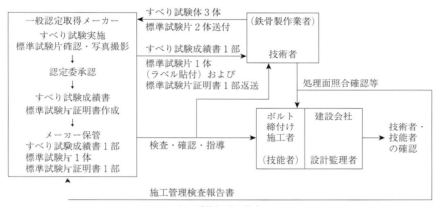

りん酸塩処理の場合

図4.11　施工管理関係フロー図

表 4.16 溶融亜鉛めっき高力ボルト接合施工管理検査報告書

検　査　年　月　日			
設計者及び工事監理者名			
建　設　業　者　名			
鉄　骨　製　作　業　者　名			
建　築　物　の　名　称			
住　　所			
規　　模	階　　数		
	高　　さ		
	延べ面積		
検査確認した事項※	ボルト社内検査成績書の確認	適　・　不　適	
	ボルトの保管管理	適　・　不　適	
	めっき鋼材の摩擦面処理状況	適　・　不　適	
	ボルトの締付け状況	適　・　不　適	
	使　用　機　器	適　・　不　適	
現　場　作　業　員 〔技能者氏名〕 〔認定番号〕	氏　名　　認定番号		氏　名　　認定番号
注意した事項※ 又は 指導した事項			
現場責任者又はその代理者名			
検査者※　氏　　名 （技術者氏名認定番号）		認　定　番　号 ㊞	
（備考）※欄は技術者が記入，他は現場責任者又はその代理者が記入．本原書は技術者が保管し，写しをボルトメーカに送付する．			

5. 超高力ボルト

5.1 はじめに

5.1.1 超高力ボルトの開発経緯

　超高層建築物をはじめとする構造物の大型化に伴う部材の厚肉化，高強度化に対して，従来のF10T高力ボルト（引張強さ1000〜1200 N/mm²）ではコンパクトな接合部を設計することが困難であることから，高強度化が強く求められてきた．図5.1は高力ボルトの強度の推移を示している．1964年に制定されたJIS B 1186では，高力ボルトの機械的性質による等級としてF7T，F9T，F11T，F13T（引張強さ1300〜1500 N/mm²）の4等級が制定されていたが，1964年〜1966年にかけて使用された130 kg/mm²級のボルトが使用後数か月で遅れ破壊の事故例が相次ぎ事実上使用禁止となったため，1967年の改正でISO R 898/Iの等級を参考にF8T，F10T，F11Tの3等級となった．さらに，1976年頃からF11T（引張強さ1100〜1300 N/mm²）でも遅れ破壊の事例が見られるようになり，1979年にF11Tが「なるべく使用しない」ことを意味するかっこ付きとなり，実質的に使用禁止となった（2013年改定でF11Tは削除される）．このように1964年から15年で高力ボルトの強度上限がF10Tまで後退した．

　1999年には建築基準法第68条の26第1項の規定に基づき，同法第二号の規定に適合するものとして，建設大臣（現国土交通大臣）の一般認定を取得した引張強さF_{bu}＝1400 N/mm²，降伏強さF_{by}＝1260 N/mm²（以下，F14Tという）を有する高力ボルトが登場し，2001年には超高層ビルに初めて使用された．以降，複数のメーカーが同様なF14T高力ボルトを開発，国土交通大臣の一般認定を取得しており，使用実績が拡大している．

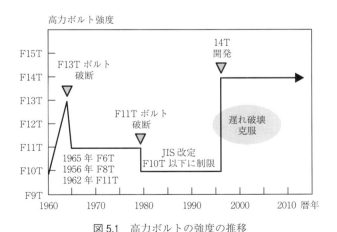

図5.1　高力ボルトの強度の推移

本書では，前述のF14T高力ボルトを超高力ボルトと呼ぶ．当初開発された超高力ボルトはトルシア形であったが，その後，高力六角ボルトで1400 N/mm²級の耐力を有する高力六角ボルトや，既存の溶融亜鉛めっき高力ボルト（F8T）の約1.5倍の1200 N/mm²級の耐力を有する溶融亜鉛めっき高力六角ボルトが開発されている．いずれも国土交通大臣の認定を得たものであり，その取扱いについては，メーカーの設計施工管理要領に従う必要がある．本書では，使用実績が最も多いトルシア形の超高力ボルトについて記述する．

高力ボルトの高強度化を阻害してきた最大の要因は，遅れ破壊である．土木，建築分野で使用される高力ボルトには，ねじ部有効断面の公称応力で降伏強さの75％程度のボルト張力が常時作用しており，ねじ底部や頭部首下部の応力集中部位では，降伏強さを超える高応力状態と塑性ひずみ状態にある．さらに，高力ボルトは使用環境に応じた腐食を受け，この腐食作用により高力ボルトに水素が侵入する．高力ボルトの遅れ破壊は，応力集中部に侵入，集積した水素により応力集中部周辺の破壊強度が低下して，高力ボルトに作用している応力に抵抗できなくなることで発生すると考えられている．耐遅れ破壊性能に優れた鋼材および高力ボルトを実現するため，最初に開発された超高力ボルト[1]では，以下に示す手法が採用されている．

5.1.2 遅れ破壊特性の評価方法

耐遅れ破壊性能に優れた鋼材を開発するためには，遅れ破壊特性を適切に評価する方法が必要である．1960年代に高力ボルトの遅れ破壊が問題になった頃，遅れ破壊特性の評価方法には統一されたものがなく，各研究・評価機関が独自の方法を試行してきた．それらの多くは，酸水溶液中での破断時間または破断応力比で遅れ破壊を評価している．これらの方法の問題点は，酸水溶液中での鋼材中への水素侵入特性が，ボルトの実使用環境である大気腐食環境での水素侵入特性と異なる点である．このため，酸水溶液の種類によって評価が逆転したり，実験室環境と実環境での遅れ破壊の発生が対応しないなどの問題点があった．

これらの開題を解決するため，鋼中水素量を測定するための昇温脱離分析法および水素量を基準とする新たな遅れ破壊特性の評価方法が開発された．鋼材が破壊を起こさない水素量の上限値「限界水素量 H_C」と，実環境から鋼材中に侵入し蓄積される「侵入水素量 H_E」を比較し，H_E に対して H_C が十分大きい鋼材であれば，使用中に遅れ破壊が発生しないと判定する方法（H_E/H_C 法）である[2]．H_C は，ボルトの応力集中部を模擬した環状切り欠きノッチ付きの試験片に対して，陰極電解によって種々の水素量を導入し，その後に外部への水素の放散を防ぐためにめっきを施し，室温放置によって試験片内部の水素濃度を均一化した後，実際のボルト締結時に導入される軸力に応じた静的応力を負荷し，破断までの時間を測定することによって測定する．H_E は実環境を模擬した乾湿繰返し試験（CCT）を行い，腐食によって鋼材中に侵入，蓄積された水素量を測定する．引張強さを1078～1627 N/mm²に変化させた6種類の鋼材について，実験室で測定した H_C，H_E と，同じ鋼材についてボルトの暴露試験を行って求めた遅れ破壊発生確率との関係に良い相関関係〔図5.2参照〕が認められることから，H_E/H_C 法による実環境での遅れ破壊特性の評価が可能であると考えられる．

その後，日本鋼構造協会より2010年に刊行された「高力ボルトの遅れ破壊特性評価ガイドブック」[3]では，遅れ破壊の起点となる初期き裂の発生部位がねじ底部などの応力集中部における最大応力点近傍の局所領域であることに着目し，最大応力点近傍に集積する局所侵入水素濃度H_E^*と局所限界水素濃度H_C^*を用いるH_E^*/H_C^*法が提案されている．

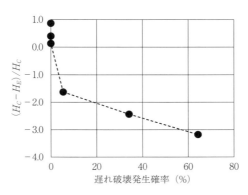

図5.2　$(H_C-H_E)/H_C$と暴露試験の遅れ破壊発生確率の関係[1]

5.1.3　耐遅れ破壊特性に優れた鋼材

一般に高力ボルトは焼入れ，焼戻しによって高い強度を付与され，その組織は焼戻しマルテンサイトである．焼戻しマルテンサイト鋼の遅れ破壊の起点部は，多くの場合は旧オーステナイト粒界割れを呈することから，鋼材の耐遅れ破壊特性を向上するためには，旧オーステナイト粒界の強化が課題となる．また，高力ボルトの遅れ破壊は腐食によって外部から侵入する微量の水素で引き起こされることから，鋼中に侵入した水素を無害化することができれば，耐遅れ破壊特性を向上することができる．

超高力ボルト用開発鋼には比較的多量にバナジウム（以下，Vという）が添加されている．焼入れ加熱時にVの一部がオーステナイト結晶粒を微細化，焼戻し時には微細な炭化物として析出することにより，鋼を強化することが知られている．これは，V炭化物を用いた水素トラップ鋼が，腐食が進行する場合（雨天など）は，遅れ破壊に対して有害な水素をトラップして無害化し，腐食が停止する場合（晴天など）にトラップした水素を大気中に放出する機能を有しているためである．図5.3に1450 N/mm²に調質した開発鋼の遅れ破壊試験結果を示す．開発鋼（図中F）のH_Cは2.72 ppmであり，標準的なF10T高力ボルト用鋼材の3倍強のH_Cを有する．また，遅れ破壊試験後の破面からは，従来鋼が明瞭な旧オーステナイト粒界破壊を呈しているのに対して，開発鋼は粒内破壊である擬へき開破壊を呈しており，粒界破壊が抑制されていることがわかっている．

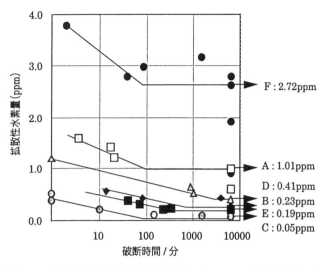

図 5.3 超高力ボルト用開発鋼材（図中 F）の遅れ破壊試験結果[1]

5.1.4 遅れ破壊を起こしにくいボルト形状

図 5.4 は，1968 年から 1972 年に実施された暴露試験における高力ボルトの破断部位と破断本数の関係である[4]．図より，遅れ破壊による高力ボルトの破断は，大きな応力集中や塑性ひずみ集中が存在するねじ部に多発している．そこで，最初に開発された超高力ボルトでは，基本的な形状寸法は JSS II 09-1981 および JIS B 1186-1979 に準拠しつつ，ボルト各部に生じる応力集中，塑性ひずみ集中を緩和するために，従来の F 10T 高力ボルトとは異なる独自の形状が採用されている〔図 5.5 参照〕．

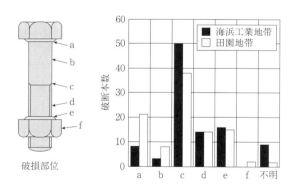

図 5.4 高力ボルトの遅れ破壊部位と破断本数[4]

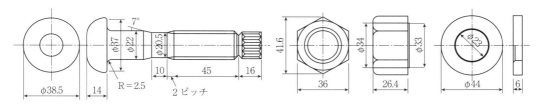

図 5.5 超高力ボルトの形状と寸法例（M 22）

(1) ねじ形状

図 5.6 に超高力ボルトに採用されている新ねじ形状と JIS メートル並目ねじ（以下，JIS ねじという）形状を示す．新ねじ形状は，谷形状を 3 円弧の合成曲線で規定している．ねじ山のフランク面から谷部に移行する折れ曲がり開始点における円弧の径を，従来の F 10T 高力ボルトで採用する JIS ねじの谷底径と同じ $H/6$（H：とがり山高さ）とし，大きな応力集中・塑性ひずみ集中が予想される谷底の円弧は，JIS ねじの 4 倍（$2H/3$）としている．ピッチ，基準山の高さ，外径，フランク角は，JIS ねじと同じである．

遊びねじ部を対象とした新ねじと JIS ねじの FEM 解析結果より，新ねじの応力集中は JIS ねじの約 60 % に，また，最大相当塑性ひずみは，約 10 % に大幅に低減することが確認されている[5]．なお，新ねじ形状はその形状寸法からねじの有効断面積が JIS ねじよりも数 % 大きくなり，ボルトの高耐力化にも有効である．

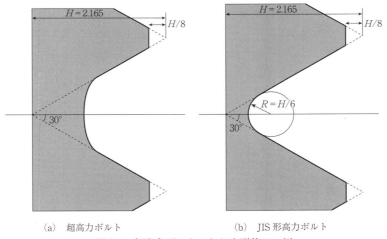

(a) 超高力ボルト　　(b) JIS 形高力ボルト

図 5.6 超高力ボルトのねじ山形状の一例

(2) ボルト軸からねじ部への移行部形状の改良

従来の F 10T 高力ボルトは，ボルト呼び径と同径のボルト軸部からただちにねじ部に移行する．超高力ボルトでは，応力が軸部からねじ部にできる限りスムーズに流れるように，軸部とねじ部の間に有効径に等しい 4 ねじピッチ長さの平行部が設けられている〔図 5.5 参照〕．新ねじ形状と移

行部の形状改良の相乗効果で，JIS ねじで突出する不完全ねじ部の応力，塑性ひずみがともに大きく低減されることが FEM 解析により確認されており，JSSC の暴露試験において，最も多くの遅れ破壊破断が発生した不完全ねじ部の耐遅れ破壊性能の向上に効果が期待できる．

(3) ボルト頭部首下アールの増大

張力導入時のボルト頭部首下部における応力集中が新ねじ部と同程度になるように，従来 1.5〜2.0 mm のボルト頭部首下アールを 2.5 mm まで大きくしている．

(4) ナットの形状変更

新ねじ形状は，谷底半径を大きくした分，雄ねじと雌ねじのねじ 1 山の引っかかり抵抗が JIS ねじよりも 10 % 程度小さい．この低下を補うため，多少の余裕を見てナットのねじ山数を JIS ねじ用ナットの 1.2 倍に増大させている．このねじ山数の増加は，ナットと嵌合するボルト各ねじ山が分担する応力を減少させるため，ねじ谷底部の最大応力や塑性ひずみの低減にも有効である．なお，ナットのねじ山数が増大したため，5.4.2 項の高力ボルトの首下長さの選定における締付け長さに加える長さが従来のトルシア形高力ボルトよりも増大し，JIS 形高力ボルトと同等である．

5.1.5 実ボルトの暴露試験による耐遅れ破壊性能の検証

超高力ボルトの耐遅れ破壊性能を検証するとともにボルトに蓄積される水素量 H_E を調査する目的で，促進暴露試験と屋外暴露試験が行われている[6),7)]．

促進暴露試験では，M 22 超高力ボルトを厚み 22＋22 mm の被締付け材に締め付け，3.5 % 食塩水中への繰返し浸積試験を実施している．被締付け材を締め付けた超高力ボルトは回転する車輪上に吊り下げられており，1 時間に 1 回食塩水中に浸かる．試験は鋼材ロット，熱処理ロットおよび時期を変えて総数 128 本実施している．5 年超の暴露によりボルトは実際の使用環境下では想定できないほどに激しく腐食していたにもかかわらず，破断は 1 本もない．超高力ボルトに蓄積される水素量 H_E は暴露開始後半年程度で飽和状態になり，最大でも 1.5 ppm 程度で 5.1.3 項に示した超高力ボルト開発鋼 H_C の 1/2 程度である．

沖縄と東京の 2 地域で M 22 超高力ボルト，各 800 本の屋外暴露試験が実施されている．沖縄の暴露場所は海岸の波打ち際から 100 m ほどに位置しており，強風時は海からの飛沫が直接ボルトに降りかかる．大気に直接触れている暴露ボルトの頭部やナットは，初期の形状をとどめないほど腐食が進行しているにもかかわらず，試験開始後 12 年以上経過しても，沖縄，東京とも 1 本も破断していない．H_E は暴露開始後約 2 年でほぼ飽和状態に達し，その後はほぼ定常状態を示している．最大の H_C は，1 ppm 程度で超高力ボルト開発鋼 H_C の 1/3 程度である．

5.2 基本事項

5.2.1 ボルトセットの構成

トルシア形超高力ボルトは超高力ボルト 1 本，ナット 1 個，座金 1 枚で構成されるボルトセットとして提供され，トルク係数値が一定の範囲内に収まるように製造管理されている．メーカーによって若干異なるボルトセットの種類と材質が指定されている．そのため，他社や等級の異なるボル

ト・ナット・座金を混用することは，あってはならない．

5.2.2 機械的性質

表 5.1 に超高力ボルトの規格値を示す．メーカーにより硬さの規格が異なるが，それ以外は同じ値となっている．図 5.7 に超高力ボルトから切り出した JIS 4 号引張試験結果の一例を示す．図のように F 10T と同様，明確な降伏点を示さないため，0.2 % の残留ひずみを生じる応力を耐力と定義する．引張強さは 1400〜1490 N/mm^2，耐力は引張強さ下限値の 0.9 倍である 1260 N/mm^2 以上となっている．伸び，絞りの規格値は，F 10T の規格値と同じ値である．図 5.7 の例では，耐力，引張強さは 1345 N/mm^2，1452 N/mm^2 である．伸びは 17.1 %，絞りは 51.3 % でいずれも 14 % 以上，40 % 以上を満足している．

表 5.1 超高力ボルトの機械的性質

耐力 (N/mm^2)	引張強さ (N/mm^2)	伸び (%)	絞り (%)	硬さ (HRC)
1260 以上	1400〜1490	14 以上	40 以上	39〜47 or 48

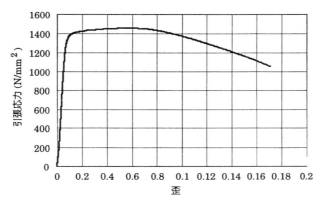

図 5.7 超高力ボルト JIS 4 号引張試験結果の一例[1]

ナットの機械的性質と座金の硬さをそれぞれ表 5.2 と表 5.3 に示す．表 1.5，1.6 に示す F 10T 高力ボルトセットのナット，座金と比較すると，同等もしくは若干高めの硬さとなっている．

表 5.2 ナットの機械的性質

硬さ（HRC）	保証荷重
30〜40	ボルトの最小引張荷重に同じ

表 5.3 座金の硬さ

硬さ（HRC）
40〜50 または 35〜45

5.2.3 変形性能

初期締付けトルク 300 N·m を与えた状態を起点にナットを回転させて超高力ボルトの変形性能を確認した結果について，図 5.8 に示す．縦軸にボルト張力，横軸にナット回転角を示す．ボルトの破断はいずれも遊びねじ部であり，破断までにナットが 2 回転以上している．F 10T 高力ボルトの一例である図 1.7 と比較しても，遜色のない変形性能を有しているといえる．

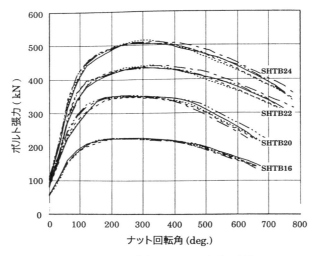

図 5.8 ボルト張力—ナット回転角関係[1]

5.2.4 リラクセーション特性

M 22 超高力ボルトを厚み 46 mm の SS400 の鋼材に締め付けて実施したリラクセーション試験結果を図 5.9 に示す．図はボルト締付け 1 分経過後のボルト張力を 100 % として，その張力残存率を示しており，締付け後 1 年での残存張力率は 95 % 程度である．

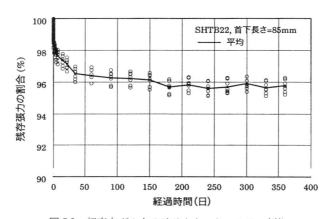

図 5.9 超高力ボルトのリラクセーションの一例[1]

5.2.5 ボルトセットの形状

5.1.4項および図55で示した，最初に開発された超高力ボルトセットの形状の特徴を以下に示す．

1. ねじ底形状を緩やかにした新ねじ形状
2. ボルト軸からねじ部への移行部形状の改良
3. ボルト頭部首下アールの増大
4. ナット高さが増大

一方，従来のF10T高力ボルトとほぼ同形状の超高力ボルトもある．ねじ形状はJISメートル並目ねじを採用しているため，新ねじ形状よりもねじ部有効断面積が若干小さくなるものの，認定された基準張力が若干大きいため，結果として，両者はほぼ同等な許容耐力〔5.3.2項参照〕を有している．なお，ナットの高さをF10Tボルトセットのナットと比較して120％にしているのは，超高力ボルトのボルトセットに共通した特徴である．5.4.2項の高力ボルトの首下長さの選定における締付け長さに加える長さが従来のトルシア形高力ボルトよりも増大し，座金を2枚挿入するJIS形高力ボルトと同等になっている．

トルシア形超高力ボルトでは，ねじの呼びはM16，M20，M22，M24の4種類が提供されている．ボルト軸径はそれぞれ16，20，22，24mmであり，挿入するボルト孔径は，F10Tと同様にボルト軸径＋2mmとしている〔5.4.5項参照〕．

5.3 設　　計

5.3.1 設計方針

超高力ボルトを用いた接合部に関する設計は，2章で述べた方法に準拠する．ただし，設計に使用するボルトの耐力をはじめとする諸量については，5.3.2項の値を使うものとする．

5.3.2 高力ボルトの耐力

表5.4に超高力ボルトの軸断面積，設計ボルト張力，標準ボルト張力，最大引張耐力を示す．前述のようにねじ形状はF8T，F10Tと同じメートルねじ形状のものや，ねじ谷の径を大きくしているものがある．ねじ部有効断面積は各社で4％程度異なり，一律に表記することができない．したがって，F8T，F10Tのようにねじ部有効断面積から設計ボルト張力を算出するのではなく，大臣認定で認められた性能に基づく設計ボルト張力を直接記載している．設計ボルト張力は各社で1.3％程度の差異があるため，表5.4にはそのうちの最小値を示す．また，表5.5には許容耐力を，表5.6にはすべり耐力，離間耐力を示す．各社が提示する耐力には若干の相違があるため，これらのうちの最小値を表中に掲載する．なお，各社が提示する耐力と表中の値との差は，最大でも2％未満である．

表5.4 超高力ボルトの諸量(各社の最小値)

ねじの呼び	軸断面積 (mm²)	設計ボルト張力 (kN)	標準ボルト張力 (kN)	最大引張耐力 (kN)
M 16	201	155	170	229
M 20	314	242	266	359
M 22	380	299	328	442
M 24	452	349	383	516

表5.5 許容耐力(各社の最小値)(単位:kN)

ねじの呼び	長期許容耐力			短期許容耐力		
	1面せん断	2面せん断	引張	1面せん断	2面せん断	引張
M 16	46	92	92	69	138	139
M 20	73	143	144	107	215	217
M 22	87	173	175	130	260	262
M 24	103	206	208	155	309	312

表5.6 すべり耐力と離間耐力(各社の最小値)(単位:kN)

高力ボルトの種類	ねじの呼び	すべり耐力		離間耐力	最大耐力		
		1面せん断	2面せん断		1面せん断	2面せん断	引張
F 14T	M 16	69	138	139	169	338	229
	M 20	107	215	217	264	528	359
	M 22	130	260	262	319	638	442
	M 24	155	309	312	380	759	516

　トルシア形以外にもF14T六角ボルトやF12Tの溶融亜鉛めっき高力六角ボルトも認定を取得している．F14T六角ボルトはM16〜M36が提供されており，トルシア形と同様に設計することが可能である．なお，F12Tの溶融亜鉛めっき高力六角ボルトの設計に使用する高力ボルトの諸量，各種耐力については，高力ボルトメーカーが提供する設計指針を参照されたい．

5.4 施　　工

　前述したように，超高力ボルトは大臣認定を取得した製品であり，その取扱い・施工については，高力ボルトメーカーが提供する施工要領に従うことが基本である．施工要領に定めなき事項については，本会「建築工事標準仕様書　JASS 6　鉄骨工事」に準拠する．

各社が提供する施工要領は，その表現などに若干の相違はあるものの，ほぼ共通した内容となっている．トルシア形超高力ボルトセットの取扱い・施工については，3章で示したF10Tトルシア形高力ボルトとほぼ同様である．以下では，ボルト種別，ボルトセット形状，導入ボルト張力の相違などに起因する相違点についてのみ示す．

5.4.1 高力ボルトの種別と品質

トルシア形超高力ボルトのセットは，建築基準法第68条の26第1項の規定に基づき，同法第二号の規定に適合するものとして国土交通大臣の認定を得たものとする．

セットの構成はトルシア形超高力ボルト1個，トルシア形超高力ボルト用ナット，平座金1個によって構成する．

5.4.2 高力ボルトの首下長さの選定

トルシア形超高力ボルトの首下長さは，部材の締付け長さに表5.7の長さを加えたものを標準とし，5mm単位とする．なお，首下長さが5mm単位とならない場合は，2捨3入または7捨8入とする．トルシア形超高力ボルト用ナットの高さがトルシア形F10T高力ボルト用ナットよりも高くなっているため，表5.7の値は，表3.2（b）に示す値よりも大きな値となっている．

表5.7 ボルトの首下長さの選定（単位：mm）

ねじの呼び	締付け長さに加える長さ
M 16	30
M 20	35
M 22	40
M 24	45

5.4.3 導入張力確認試験

導入張力確認試験は，ボルトセットを受け入れた後の締付け開始に先立って，次の方法により行われる．この試験に用いる軸力計・締付け機は所定の性能を有し，十分整備されたものとする．

(1) 呼び径ごとに表5.8の長さについて5セットを取り出し，軸力計を締め付けて導入張力の確認を行う．この5セットの導入張力の平均値が，常温（10～30℃）の場合，常温以外（10～30℃を除く0～60℃）の場合，それぞれ表5.9の規定を満足する場合は合格とし，試験したセットと同時に受け入れたボルトセットは，締付けに使用しても問題ないものとする．

(2) 試験した5セットの導入張力の平均値が規定値を外れた場合には，同一ロットから新しく10セットを取り出し，同様の試験を行う．この10セットのボルトの張力の測定値のみについて平均値を求め，(1)の規定値を満足する場合は，同時に受け入れたボルトセットは，締付けに使用しても問題ないものとする．

表 5.8 試験に用いるボルトの長さ（単位：mm）

ねじの呼び	ボルトの首下長さ
M 16	75・80
M 20	80・85
M 22	85・90
M 24	90・95

表 5.9 常温時と常温時以外の導入張力平均値（単位：kN）

ねじの呼び	常温時の導入張力平均値	常温以外の導入張力平均値
M 16	161〜193	155〜203
M 20	252〜302	242〜317
M 22	311〜373	299〜391
M 24	363〜435	349〜457

5.4.4 摩擦面の処理

摩擦面の処理は，次によるものとする．これ以外の方法による場合は，すべり係数が 0.45 以上確保できることを実験により確かめる．

(1) 自然発せい：ディスクサンダーなどを用いて摩擦面の黒皮を除去した後，屋外に自然放置して発生させた赤さび状態
(2) ブラスト処理：ブラスト処理は，摩擦面をショットブラストまたはグリットブラストにて処理することとし，この表面粗さは $50\,\mu mRz$ 以上とする．なお，赤さびは発生しなくてもよい．

摩擦面処理における注意事項は，3章で示したものと同様である．

5.4.5 高力ボルトの締付け

トルシア形超高力ボルトの締付け施工は，トルシア形 F 10T 高力ボルトと同様であるが，表 5.10 に示す 1 次締めトルクのみが，トルシア形 F 10T 高力ボルトと異なる．

表 5.10 1 次締めトルク（単位：N·m）

ねじの呼び	1 次締めトルク
M 16	約 200
M 20	約 300
M 22	約 300
M 24	約 400

5.5 高力ボルト摩擦接合すべり試験

　超高力ボルトを使用する摩擦接合部のすべり性能を確認するための標準試験体によるすべり試験は，3.5.4項に示すすべり試験方法と同様である．ただし，超高力ボルトでは，導入ボルト張力がF8T，F10T高力ボルトよりも大きくなるため，標準すべり試験体の寸法が異なる．標準試験体の形状と寸法を図5.10，表5.11に示す．ボルトを応力の作用線上に2本有する2面せん断継手で，部材有効断面に基づく降伏耐力が，すべり係数を0.6，導入ボルト張力を標準ボルト張力としたときのすべり荷重にほぼ等しくなるよう設計されている．標準試験体の材質の組合せは，実際の構造物に用いるものと同材とする．表ではSN490，SM490鋼材を対象とした寸法を示しているが，高強度鋼などを使用する場合は，前述の設計方針に基づいて適宜寸法を変更する．

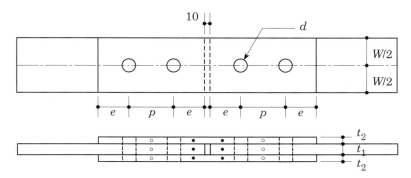

図5.10　すべり試験用標準試験体の形状・寸法

表5.11　標準試験体の寸法等

高力ボルトの等級	ねじの呼び	部材の有効断面積 (mm²)	孔径 d (mm)	母材厚 t_1 (mm)	側板厚 t_2 (mm)	板幅 W (mm)	はしあき e (mm)	ピッチ p (mm)
F14T	M16	1232	18	16	9	95	40	60
	M20	1950	22	25	16	100	50	70
	M22	2400	24	25	16	120	55	80
	M24	2772	26	28	16	125	60	90

参考文献

1) 宇野暢芳，永田匡宏，宮川敏夫：F14T高力ボルトの性能，高力ボルト接合における高強度技術の最前線，2008年度日本建築学会大会構造部門（鋼構造）パネルディスカッション資料，pp.1-10，2008.9
2) 平井敬二，脇山広三，宇野暢芳：高力ボルトの遅れ破壊に関する実験的研究（その1　限界拡散性水素濃度法の提案），日本建築学会構造系論文報告集，Vol.490，pp.215-222，1996.12
3) 日本鋼構造協会：高力ボルトの遅れ破壊特性評価ガイドブック，JSSCテクニカルレポート91，2010.7
4) 日本鋼構造協会：高力ボルトの遅れ破壊，JSSC，Vol.6，No.52，1970
5) 脇山広三，金振鎬，多田元英，桑原進，宇野暢芳：高力ボルトのねじ形状に関する解析的研究　ねじ谷底の応力集中の緩和，日本建築学会構造系論文報告集，Vol.452，pp.121-127，1993.10

6) 平井敬二, 脇山広三, 宇野暢芳, 宮川敏夫：高力ボルトの遅れ破壊に関する実験的研究 その2 暴露試験, 日本建築学会構造系論文報告集, Vol.555, pp.171-176, 2002.5
7) 平井敬二, 宇野暢芳：高力ボルトの遅れ破壊に関する実験的研究 その3 ボルトに侵入する拡散性水素およびボルト張力, 日本建築学会構造系論文報告集, Vol.560, pp.197-204, 2002.10

付　　録

付1. 摩擦接合用高力六角ボルト・六角ナット・平座金のセット
（JIS B 1186：2013）

序　　文

　この規格は，1964年に制定され，その後7回の改正を経て今日に至っている．実質的な改正は1995年以来行われていない．その後の製造技術の進歩及び品質向上に対応するために改正した．

　なお，対応国際規格は現時点で制定されていない．

1. 適用範囲

　この規格は，主として鋼構造に使用する摩擦接合用高力六角ボルト・六角ナット・平座金のセット（以下，セットという．）について規定する．

2. 引用規格

　次に掲げる規格は，この規格に引用されることによって，この規格の規定の一部を構成する．これらの引用規格は，その最新版（追補を含む．）を適用する．

JIS B 0101	ねじ用語
JIS B 0205-3	一般用メートルねじ―第3部：ねじ部品用に選択したサイズ
JIS B 0209-2	一般用メートルねじ―公差―第2部：一般用おねじ及びめねじの許容限界寸法―中（はめあい区分）
JIS B 0251	メートルねじ用限界ゲージ
JIS B 4652	手動式トルクツールの要求事項及び試験方法
JIS Z 2241	金属材料引張試験方法
JIS Z 2245	ロックウェル硬さ試験―試験方法
JIS Z 2320	（規格群）非破壊試験―磁粉探傷試験
JIS Z 2343-1	非破壊試験－浸透探傷試験―第1部：一般通則：浸透探傷試験方法及び浸透指示模様の分類
JIS Z 8401	数値の丸め方
JIS Z 9003	計量規準型一回抜取検査（標準偏差既知でロットの平均値を保証する場合及び標準偏差既知でロットの不良率を保証する場合）

3. 用語及び定義

　この規格で用いる主な用語及び定義は，JIS B 0101によるほか，次による．

3.1 軸力

　ボルト及びナットで構造材を締め付けて使用するときの，ボルトの軸方向に作用する引張力．

3.2 保証荷重

　ボルト及びナットのねじ部品で構造材を締め付けて使用するときの，そのねじ部品に許容される最大の軸力．

3.3 トルク係数値

　ボルト及びナットで構造材を締め付けるときの締付けトルクを，発生する軸力とボルトの呼び径

の積で除した値.

4. セットの構成及び種類・等級

4.1 セットの構成

セットの構成は，4.2に規定する摩擦接合用高力六角ボルト（以下，ボルトという.）1個，摩擦接合用高力六角ナット（以下，ナットという.）1個及び摩擦接合用高力平座金（以下，座金という.）2個によって構成する.

4.2 種類・等級

セットの種類は，セットを構成する部品の機械的性質によって，1種及び2種とし，さらにトルク係数値によってそれぞれAとBとに分け，セットを構成する部品の等級は，表2～表5に示すそれぞれの機械的性質によって決まる.

セットの種類及び適用する構成部品の機械的性質による等級の組合せは，表1による.

表1 セットの種類及び構成部品の機械的性質による等級の組合せ

セットの種類		適用する構成部品の機械的性質による等級		
機械的性質による種類	トルク係数値による種類	ボルト	ナット	座金
1種	A	F8T	F10	F35
	B	F8T		
2種	A	F10T		
	B	F10T		

4.3 ロットの構成

4.3.1 一般

ロットには，各構成部品の製造ロットと，それを組み合わせた場合のセットロットとがあり，それぞれ4.3.2～4.3.5による.

4.3.2 ボルトの製造ロット

ボルトの製造ロットの構成は，次のとおりとする.

a) 材料（鋼材）の溶解番号
b) 機械的性質による等級
c) ねじの呼び
d) 長さ（l）
e) 機械加工工程
f) 熱処理条件
g) 表面処理を施した場合には，表面処理条件

ただし，長さlの多少の違いは同一ロットとみなしてよい.

4.3.3 ナットの製造ロット

ナットの製造ロットの構成は，次のとおりとする.

a) 材料（鋼材）の溶解番号
b) ねじの呼び
c) 機械加工工程
d) 熱処理条件
e) 表面処理を施した場合には，表面処理条件

4.3.4 座金の製造ロット

座金の製造ロットの構成は，次のとおりとする．

a) 材料（鋼材）の溶解番号
b) 座金の呼び
c) 機械加工工程
d) 熱処理条件
e) 表面処理を施した場合には，表面処理条件

4.3.5 セットロット

セットロットは，セットを構成するボルト，ナット及び座金の組合せに対応して決まるものであり，それぞれ一つの製造ロットから構成されたものを基本とする．ただし，ボルトの製造ロットが同一であれば，座金又はナットについては，少量の別製造ロットの製品をセットした場合も，同一鋼種，同一製造業者かつトルク係数値が同等とみなせる場合に限り，同じセットロットとして扱うことができる．

5. 機械的性質

5.1 ボルトの機械的性質

5.1.1 ボルト試験片の機械的性質

ボルトから採取した試験片の機械的性質は，12.1のa）によって試験したとき，表2に適合しなければならない．

表2 ボルト試験片の機械的性質

ボルトの機械的性質による等級	耐力 N/mm^2	張力の強さ N/mm^2	伸び %	絞り %
F 8T	640以上	800〜1000	16以上	45以上
F 10T	900以上	1000〜1200	14以上	40以上

5.1.2 ボルト製品の機械的性質

ボルト製品の機械的性質は，12.1のb）によって試験したとき，表3の引張荷重（最小）未満で破断することなく，引張荷重を増加したとき，頭とびをしてはならない．また，12.1のc）によって試験したとき，表3の硬さに適合しなければならない．ただし，ボルト製品の引張試験を行い合格したものについては，硬さ試験を省略することができる．

表3 ボルト製品の機械的性質

ボルトの機械的性質による等級	引張荷重（最小）(kN) ねじの呼び							硬さ
	M 12	M 16	M 20	M 22	M 24	M 27	M 30	
F 8T	68	126	196	243	283	368	449	18～31HRC
F 10T	85	157	245	303	353	459	561	27～38HRC

5.2 ナットの機械的性質

ナットの機械的性質は，12.2によって試験したとき，表4に適合しなければならない．

表4 ナットの機械的性質

ナットの機械的性質による等級	硬さ		保証荷重
	最小	最大	
F 10	20 HRC	35 HRC	表3のボルトの引張荷重（最小）に同じ

5.3 座金の硬さ

座金の硬さは，12.3によって試験したとき，表5に適合しなければならない．

なお，座金は，浸炭焼入れ・焼戻しなどによる表面硬化をしないものとする．

表5 座金の硬さ

座金の機械的性質による等級	硬さ
F 35	35～45HRC

6. セットのトルク係数値

セットのトルク係数値は，12.4によって試験したとき，表6に適合しなければならない．この場合，トルク係数値は，次の式によって求める．

$$k = \frac{T}{d \times N} \times 1000$$

ここに，k ：トルク係数値
T ：トルク（ナットを締め付けるモーメント）(N・m)
d ：ボルトのねじ外径の基準寸法（mm）
N ：ボルト軸力（N）

表6 セットのトルク係数値

区分	トルク係数値によるセットの種類	
	A	B
1セットロットのトルク係数値の平均値	0.110～0.150	0.150～0.190
1セットロットのトルク係数値の標準偏差	0.010 以下	0.013 以下
注記　ここでいうセットロットとは，4.3に示すセットロットを示す.		

7. 形状・寸法

ボルト，ナット及び座金の形状及び寸法は，表7～表9による．

表7 摩擦接合用高力六角ボルト

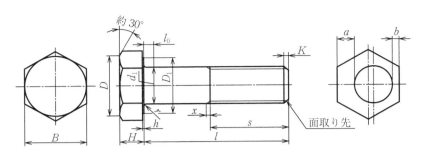

単位：mm

ねじの呼び	d_1 基準寸法	d_1 許容差	H 基準寸法	H 許容差	B 基準寸法	B 許容差	D (参考)	D_1 最小	r	K (参考)	$a-b$ 最大	h	s 基準寸法	s 許容差
M 12	12	+0.7 / −0.2	8	±0.8	22	0 / −0.8	20	20	0.8〜1.6	2	0.7	0.4〜0.8	25	+5 / 0
M 16	16		10		27		25	25	1.2〜2.0		0.8		30	
M 20	20	+0.8 / −0.4	13	±0.9	32	0 / −1	30	29		2.5	0.9		35	+6 / 0
M 22	22		14		36		34	33			1.1		40	
M 24	24		15		41		39	38	1.6〜2.4	3	1.2		45	
M 27	27		17		46		44	43			1.3		50	
M 30	30		19	±1.0	50		48	47	2.0〜2.8	3.5	1.5		55	

ねじの呼び	l 基準寸法																													
	30	35	40	45	50	55	60	65	70	75	80	85	90	95	100	105	110	115	120	125	130	135	140	145	150	155	160	165	170	175	180	190	200	210	220
M 12	○	○	○	○	○	○	○	○	○	○	○	○	○	○	○																				
M 16		○	○	○	○	○	○	○	○	○	○	○	○	○	○	○	○	○	○	○															
M 20			○	○	○	○	○	○	○	○	○	○	○	○	○	○	○	○	○	○	○	○	○												
M 22				○	○	○	○	○	○	○	○	○	○	○	○	○	○	○	○	○	○	○	○	○	○	○	○								
M 24					○	○	○	○	○	○	○	○	○	○	○	○	○	○	○	○	○	○	○	○	○	○	○	○	○	○					
M 27						○	○	○	○	○	○	○	○	○	○	○	○	○	○	○	○	○	○	○	○	○	○	○	○	○	○	○			
M 30										○	○	○	○	○	○	○	○	○	○	○	○	○	○	○	○	○	○	○	○	○	○	○	○	○	○
l の許容差	±1.0						±1.4													±1.8															

- d_1 の測定位置は，$l_0 \fallingdotseq d_1/4$ とする．
- 不完全ねじ部の長さ x は，約2山とし，全ねじの場合は，約3山とする．
- ねじの先端部は面取り先とし，端部形状は問わない．
- l 寸法で○印の付けてあるものは，推奨する長さ l を示したものである．
- l 及び s は，特に必要がある場合は，受渡当事者間の協定によって，表に表す以外のものを使用することができる．
  ただし，s は表の寸法より短くしてはならない．
- d_1 は，受渡当事者間の協定よって，ほぼねじの有効径に等しくすることができる．
  なお，この場合の首下丸み r は，次のようにしてもよい．

単位：mm

ねじの呼び	M 12	M 16	M 20	M 22	M 24	M 27	M 30
r	1.2〜2.4		2.0〜3.3		2.5〜3.8		

付1. 摩擦接合用高力六角ボルト・六角ナット・平座金のセット (JIS B 1186：2013)

表8 摩擦接合用高力六角ナット

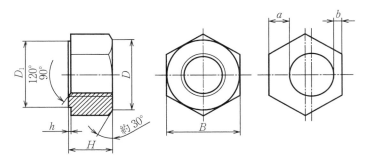

単位：mm

ねじの呼び	おねじの外径 (d)	H		B		D	D_1	$a-b$	h
		基準寸法	許容差	最小	許容差	(参考)	最小	最大	
M 12	12	12	±0.35	22	0 −0.8	20	20	0.7	0.4〜0.8
M 16	16	16		27		25	25	0.8	
M 20	20	20		32		30	29	0.9	
M 22	22	22	±0.4	36	0 −1	34	33	1.1	
M 24	24	24		41		39	38	1.2	
M 27	27	27		46		44	43	1.3	
M 30	30	30		50		48	47	1.5	

注　ナット座面側のねじ部の面取りは、その直径が $1.0\,d$〜$1.05\,d$ のものとする.

表9 摩擦接合用高力平座金

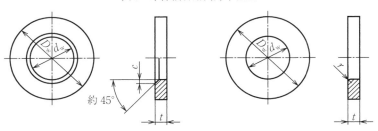

単位：mm

座金の呼び	d_w		D_W		T		c 又は r
	基準寸法	許容差	基準寸法	許容差	基準寸法	許容差	（参考）
12	13	+0.7 0	26	0 -0.8	3.2	±0.4	1.5
16	17	+0.7 0	32	0 -1	4.5	±0.5	1.5
20	21	+0.8 0	40	0 -1	4.5	±0.5	2
22	23	+0.8 0	44	0 -1	6	±0.7	2
24	25	+0.8 0	48	0 -1	6	±0.7	2.4
27	28	+0.8 0	56	0 -1	6	±0.7	2.4
30	31	+1.0 0	60	0 -1.2	8	±0.7	2.8

注記　図には，約 45°の面取りを行ったもの及び丸み（r）を付けたものを示してあるが，この両者のいずれを用いてもよい．

8. ね　じ

ボルト及びナットのねじは，JIS B 0205-3 に規定するメートル並目ねじとし，ねじピッチは，表10に示すとおりとする．また，その公差域クラスは，JIS B 0209-2 の 6H/6g とする．

なお，ボルトのねじは，転造によって加工したものとする．

表10 ねじピッチ

単位：mm

ねじの呼び	M 12	M 16	M 20	M 22	M 24	M 27	M 30
ピッチ	1.75	2	2.5	2.5	3	3	3.5

9. 外　　観

9.1 ボルトの外観

ボルトの外観は，焼割れ及び使用上有害なきず，かえり，さび，ねじ山のいたみなどの欠点があってはならない．

9.2 ナットの外観

ナットの外観は,焼割れ及び使用上有害なきず,かえり,さびなどの欠点があってはならない.

9.3 座金の外観

座金の外観は,焼割れ及び使用上有害なきず,ばり,さびなどの欠点又は著しい湾曲があってはならない.

10. 材料

ボルト,ナット及び座金の材料は,製品が箇条5〜箇条9を満足するものでなければならない.

11. 潤滑及び防せい(錆)処理

ボルト,ナット及び座金には,それらの品質に有害な影響を与えない潤滑及び防せい(錆)処理を施すことができる.

12. 試験及び測定方法

12.1 ボルトの機械的性質試験

ボルトの機械的性質試験は,ボルト試験片の引張試験,ボルト製品の引張試験及びボルトの硬さ試験とし,次のa),b)及びc)による.

a) ボルト試験片の引張試験 ボルト試験片の引張試験は,次による.

1) ボルト試験片 ボルト試験片は,ボルトから図1のように採取した削り出し試験片とする.

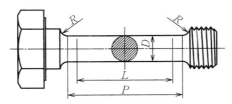

L(破断伸び測定用の標準距離): 50 mm
D(平行部の直径): 14 mm
P(平行部長さ): 約 60 mm
R(肩部の半径): 15 mm 以上

ただし,図1による寸法が取れない場合には,次の条件を満たす代用試験片としてもよい.

L: 3.54D
D: 表11に示す値以上
P: $L+D$
R: 4 mm 以上

図1 ボルトの試験片の採取方法

表11 ボルト代用試験片の径の最小寸法

単位：mm

ねじの呼び	D
M 12	4
M 16	6
M 20	6
M 22	6
M 24	8
M 27	10
M 30	12

2) **試験方法** 試験方法は，JIS Z 2241 に規定する試験方法による．

b) **ボルト製品の引張試験** ボルト製品の引張試験は，適切な構造・形状・寸法で，かつ，十分な剛性をもつジグを用い，図2のa）又は，図2のb）の状態で試験を行う．図2のa）に示すものはボルトの座面に，硬さが45HRC以上のくさび〔図2のc）参照〕を入れ，この斜面と六角頭の辺とが接するようにする．ねじ部は，完全ねじ山がボルト頭側に6山程度残るようにジグをはめ合わせる．図2のb）に示すものはジグの代わりにセットの構成要素のナットをはめ合わせる．

試験は，軸方向にボルトが破断するまで引張荷重を加え，表3に示す引張荷重（最小）未満で破断しないこと，並びにボルトの頭とび及びナットのねじ抜けが起こらないことを確認する．

図2のb）のセットの試験で合格したものについては，ナットの保証荷重試験を省略することができる．

なお，図2のd）に示すように引張試験用ジグが規定の傾斜と硬さとをもつ場合は，くさびを入れなくてもよい．

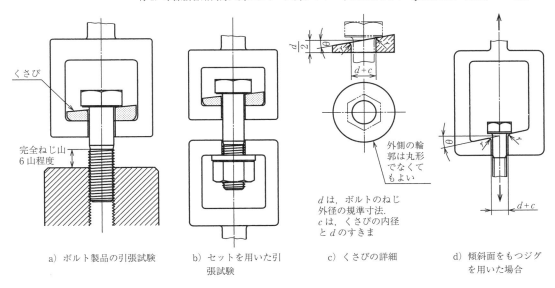

図2 ボルト製品の引張試験方法

c) **ボルトの硬さ試験** ボルトの硬さ試験は，JIS Z 2245 に規定する試験方法によって行う．この場合，測定箇所は，頭部側面とし，1個の試料について3か所測定し，その平均値を JIS Z 8401 に規定する方法によって整数に丸め，その値を試料の硬さとする．

なお，ボルトの引張試験を行ったものについては，硬さ試験を省略することができる〔5.1.2 参照〕．

12.2 ナットの機械的性質試験

12.2.1 一般

ナットの機械的性質試験は，硬さ試験及び保証荷重試験とし，12.2.2 及び 12.2.3 による．

12.2.2 ナットの硬さ試験

ナットの硬さ試験は，JIS Z 2245 に規定する試験方法によって行う．

この場合，測定箇所は，ナットの座面とし，1個の試料について3か所測定し，その平均値を JIS Z 8401 に規定する方法によって整数に丸め，その値を試料の硬さとする．

12.2.3 ナットの保証荷重試験

ナットの保証荷重試験は，12.1 の b) によるボルト製品の引張試験と同様な方法によって，めねじジグの代わりにナットの試料をはめ合わせて，表4に示す保証荷重を加え，試料の異状の有無を調べる．この場合，くさびは用いない．また，ボルトの代わりに試験用おねじジグを用いてもよい．

12.3 座金の硬さ試験

座金の硬さ試験は，JIS Z 2245 に規定する試験方法によって行う．ただし，測定箇所は，座金の座面とし，1個の試料について3か所測定し，その平均値を JIS Z 8401 に規定する方法によって整数に丸め，その値を試料の硬さとする．

12.4 セットのトルク係数値試験

セットのトルク係数値試験は，次による．

a) セットのトルク係数値試験は，使用に供される状態で行い，同一試料について反復して試験を行ってはならない．

b) 試験は，トルク試験機又は軸力計を用いて行う．トルク試験機による場合は，試験機に接続された測定装置に記録されたトルク―軸力線図から，トルク及び軸力をそれぞれの目量の1/2の数値まで読み取る．また，トルク試験機以外で行う場合は，軸力計に試料を取り付け，誤差を生じないように徐々にナットにトルクを加え，トルクを JIS B 4652 に規定するトルクツールによって，及びボルト軸力を軸力計によって，それぞれ計測機の目量の1/2の数値まで測定する．

なお，この場合，座金が回転してはならない．また，ボルト座面が接するジグの硬さが座金と同等以上の場合は，ボルト座面の座金を省略してもよい．

c) ナットに加えられたトルク及びそのトルクによって発生したボルト軸力の測定は，ボルト軸力の値が，表12に示す値の範囲内で，3か所について行う．ただし，トルク試験機によって測定する場合は，表12に示す値の中央値付近の1か所について行ってもよい．

表12 トルク係数値測定用軸力

単位：kN

ボルトの機械的性質による等級	ボルトの軸力						
	ねじの呼び						
	M 12	M 16	M 20	M 22	M 24	M 27	M 30
F 8T	38～51	71～95	110～148	136～184	159～214	206～279	252～341
F 10T	54～72	99～134	155～209	191～259	223～301	290～392	354～479

d) c)による方法によって測定されたトルク，ボルト軸力及びボルトのねじ外径の基単寸法を箇条6に示す計算式に代入し，その結果求められた3個の計算値の平均値（トルク試験機を用いて1点だけ測定した場合は，その計算値）を，JIS Z 8401 に規定する方法によって，小数点以下3桁に丸め，その値を試料のトルク係数値とする．

e) トルク試験機によって得られるトルク―軸力線図の目量は，トルクについては，10 N·m 以下，軸力については，測定しようとする軸力の1％以下とする．

f) 軸力計の目量は，測定しようとする軸力の1％以下で，その器差は，測定しようとする軸力の値の範囲内で，各目盛の示す値の2％以下とする．

13 検査

13.1 形状及び寸法検査

形状及び寸法検査は，構成部品のボルト，ナット及び座金について，直接測定，限界ゲージ又はその他の方法によって行ったとき，それぞれ箇条7に適合しなければならない．

13.2 ねじ検査

ボルト及びナットのねじ検査は，JIS B 0251 に規定するメートル並目ねじ用限界ゲージ（6H用・6g用）又はこれに代わるねじ検査器具を用いて行い，箇条8に適合しなければならない．

13.3 外観検査

外観検査は，構成部品のボルト，ナット及び座金について，目視によって行い，それぞれ9.1～9.3に適合しなければならない．焼割れ及び使用上有害なきずが確認された場合は，JIS Z 2343-1 に規定する浸透探傷試験方法，又は JIS Z 2320（規格群）に規定する磁粉探傷試験方法によって判定する．

13.4 機械的性質検査

13.4.1 ボルト試験片の機械的性質検査

ボルト試験片の機械的性質検査は，12.1 の a) によって耐力，引張強さ，伸び及び絞りについて試験を行ったとき，5.1.1 に適合しなければならない．また，この検査では検査ロット[1]の保証品質水準は，$P_0 \leq 0.125\ \%$[2]（$\alpha \fallingdotseq 0.05$）及び $P_1 \leq 12.5\ \%$[3]（$\beta \fallingdotseq 0.10$）とする．

なお，抜取検査は，JIS Z 9003 に規定する計量抜取検査方式による．

注記　P_0，P_1，α 及び β の記号の意味は，JIS Z 9015-0 による．

注 1) この検査ロットとは，4.3.2 に示す 1 製造ロットを指す．

2) P_0 の値の 0.125 % は，代表値であって，P_0 が 0.113～0.140 % の範囲の値を代表している．

3) P_1 の値の 12.5 % は，代表値であって，P_1 が 11.3～14.0 % の範囲の値を代表している．

13.4.2 ボルト製品の機械的性質検査

ボルト製品の機械的性質検査は，12.1 によって，引張荷重及び硬さについて試験を行ったとき，5.1.2 に適合しなければならない．また，この検査では検査ロット[4]の保証品質水準は，$P_0 \leq 0.125\ \%$[2]（$\alpha \fallingdotseq 0.05$）及び $P_1 \leq 8\ \%$[5]（$\beta \fallingdotseq 0.10$）とする．

なお，抜取検査は，JIS Z 9003 に規定する計量抜取検査方式による．

注 4) この検査ロットとは，4.3.2 に示す 1 製造ロットを指す．

5) P_1 の値の 8 % は，代表値であって，P_1 が 7.11～9.00 % の範囲の値を代表している．

13.4.3 ナットの機械的性質検査

ナットの機械的性質検査は，12.2 によって，硬さ及び保証荷重について試験を行ったとき，5.2 の規定に適合しなければならない．また，この検査では検査ロット[6]の保証品質水準は，次による．

a) ナットの硬さ検査では検査ロット[6]の保証品質水準は，$P_0 \leq 0.125\ \%$[2]（$\alpha \fallingdotseq 0.05$）及び $P_1 \leq 8\ \%$[5]（$\beta \fallingdotseq 0.10$）とする．

なお，抜取検査は，JIS Z 9003 に規定する計量抜取検査方式による．

b) ナットの保証荷重検査は，1検査ロット[6]について，サンプルの大きさ2個以上について，検査を行い，そのサンプル全数が，5.2に適合しなければならない．

注6) この検査ロットとは，4.3.3に示す1製造ロットを指す．

13.4.4 座金の硬さ検査

座金の硬さ検査は，12.3によって試験を行ったとき，5.3に適合しなければならない．また，この検査では検査ロット[7]の保証品質水準は，$P_0 \leqq 0.125\%$ [2] $(\alpha \fallingdotseq 0.05)$ 及び $P_1 \leqq 8\%$ [5] $(\beta \fallingdotseq 0.10)$ とする．

なお，抜取検査は，JIS Z 9003に規定する計量抜取検査方式による．

注7) この検査ロットとは，4.3.4に示す1製造ロットを指す．

13.5 セットのトルク係数値検査

セットのトルク係数値検査は，12.4によって試験を行ったとき，箇条6に適合しなければならない．また，この検査では検査ロット[8]の保証品質水準は，次による．

a) 検査ロット[8]のトルク係数値の標準偏差の保証品質水準は，危険率5％以下，相対標準誤差8％以下とする．適用に当たっては，工程が安定状態にある場合は，品質管理データ又は検査データを用いてもよい．また，特に必要がある場合は，受渡当事者間の協定によって，相対標準誤差を規定の値より若干多くとり，サンプルの大きさを少なくしてもよい．

b) 検査ロット[8]のトルク係数値の平均値の保証品質水準は，表13に示す値以上とする．標準偏差は，a)によって求められた値を用いる．

注8) この検査ロットとは，4.3.5に示す1セットロットを指す．

表13 トルク係数値の平均値の保証品質水準

トルク係数値による種類	下限についての値		上限についての値	
	m_0'' $(\alpha \fallingdotseq 0.05)$	m_1'' $(\beta \fallingdotseq 0.10)$	m_0' $(\alpha \fallingdotseq 0.05)$	m_1' $(\beta \fallingdotseq 0.10)$
A	0.110	0.100	0.150	0.160
B	0.150	0.140	0.190	0.200

注記 m_0'，m_1'，m_0'' 及び m_1'' の意味は，JIS Z 9003による．

14. 製品の呼び方

セットの呼び方は，規格番号又は規格名称，セットの機械的性質による種類，セットのトルク係数値による種類，ねじの呼び×ボルトの長さ（l）及び指定事項[9]による．

注9) 特に指定事項がある場合は，括弧で示す．

例　　　JIS B 1186　　　　　1種　　　　　B　　　　M 16×50
摩擦接合用高力六角ボルト・
六角ナット・平座金のセット　　　2種　　　　　A　　　　M 20×60　　　（平先）
　　　　＝　　　　　　　　　　＝　　　　　　＝　　　　　　＝　　　　　＝
　（規格番号又は規格名称）　　［セットの機械的　［セットのトルク　［ねじの呼び×　（指定事項）
　　　　　　　　　　　　　　　 性質による種類］　 係数値による種類］ ボルトの長さ l ］

15. 表　示

15.1 製品の表示

セットの構成部品に関する表示は，次による．

a) ボルト頭部の上面に，次の事項を浮き出し又は刻印で表示しなければならない．
   1) ボルトの機械的性質による等級を示す表示記号（F 8T 又は F 10T）
   2) 製造業者の登録商標又は記号

b) ナット上面に，ナットの機械的性質による等級を示す表示記号を，表14の表示記号を用いて浮き出し又は刻印で表示しなければならない．
   なお，受渡当事者間の協定によって，製造業者の登録商標又は記号を表示してもよい．

表14　ナットの表示記号

ナットの機械的性質による等級	表示記号
F 10	(六角ナット図)

c) 座金には，機械的性質の等級を示す記号は表示しない．
   なお，受渡当事者間の協定によって，製造業者の登録商標又は記号を表示してもよい．

15.2 包装の表示

包装には，次の事項を明瞭に表示しなければならない．

a) 規格名称
b) セットの機械的性質による種類
c) セットのトルク係数値による種類
d) ねじの呼び×ボルトの長さ（l）
e) 数量
f) 指定事項
g) 製造業者名又は登録商標
h) セットのロット番号
i) セットの検査年月

付2. 設 計 資 料

1. 高力ボルトの許容耐力および最大耐力

許容耐力表(長期)

高力ボルトの種類	ボルト呼び	ボルト軸径 (mm)	ボルト孔径 (mm)	ボルト軸断面積 (mm^2)	ボルト有効断面積 (mm^2)	設計ボルト張力 (KN)	許容せん断力 (kN) 1面摩擦	許容せん断力 (kN) 2面摩擦	許容引張力 (kN)
F 10T	M 12	12	14	113	84.3	56.9	17.0	33.9	35.1
	M 16	16	18	201	157	106	30.2	60.3	62.3
	M 20	20	22	314	245	165	47.1	94.2	97.4
	M 22	22	24	380	303	205	57.0	114	118
	M 24	24	26	452	353	238	67.9	136	140
	M 27	27	30	572	459	310	85.9	172	177
	M 30	30	33	707	561	379	106	212	219

許容耐力表(短期)および最大耐力表

高力ボルトの種類	ボルトの呼び	許容せん断力 (kN) 1面摩擦	許容せん断力 (kN) 2面摩擦	許容引張力 (kN)	最大耐力 (kN) 1面せん断	最大耐力 (kN) 2面せん断	最大耐力 (kN) 引張
F 10T	M 12	25.4	50.9	52.6	67.9	136	84.0
	M 16	45.2	90.5	93.5	121	241	157
	M 20	70.7	141	146	188	377	245
	M 22	85.5	171	177	228	456	303
	M 24	102	204	210	271	542	353
	M 27	129	258	266	343	686	459
	M 30	159	318	329	424	848	561

2. 高力ボルトおよびボルトのピッチ・ゲージの標準

(1) 形鋼のゲージ （単位：mm）

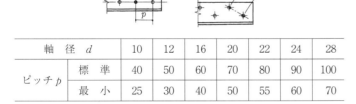

A あるいは B	g_1	g_2	最大軸径	B	g_1	g_2	最大軸径	B	g_3	最大軸径
65	35		20	125	75		16	65	35	20
70	40		20	150	90		22	70	40	20
75	40		22	175	105		22	75	40	22
80	45		22	200	120		24	80	45	22
90	50		24	250	150		24	90	50	24
100	55		24	300	150	40	24	100	55	24
125	50	35	24	350	140	70	24			
130	50	40	24	400	140	90	24			
150	55	55	24	＊$B=300$ は千鳥打ちとする．						
175	60	70	24							
200	60	90	24							

(2) ピッチ （単位：mm）

軸径 d		10	12	16	20	22	24	28
ピッチ p	標　準	40	50	60	70	80	90	100
	最　小	25	30	40	50	55	60	70

(3) 千鳥打ちのゲージとピッチ　　　　　　　　　　（単位：mm）

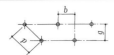

g	b 軸径		
	16	20	22
	$p=48$	$p=60$	$p=66$
35	33	49	56
40	27	45	53
45	17	40	48
50		33	43
55		25	37
60			26
65			12

(4) 形鋼に対する千鳥打ち　　　　　　　　　　　　（単位：mm）

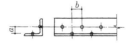

a	b 軸径			a	b 軸径		
	16	20	22		16	20	22
21	25	30	36	32	8	19	26
22	25	30	35	33		17	25
23	24	29	35	34		15	24
24	23	28	34	35		12	22
25	22	27	33	36		9	21
26	20	26	32	37			19
27	19	25	32	38			17
28	17	24	31	39			14
29	16	23	30	40			11
30	14	22	29	41			6
31	11	20	28	42			

付3. 摩擦面のさび色

1. ショットブラストを施した直後の状態
2. さびが発生しはじめたときの状態
3. 摩擦面としてのさびの標準的状態

高力ボルト接合設計施工ガイドブック

2003年12月25日第1版第1刷
2016年5月10日第2版第1刷
2023年1月20日　　　第5刷

編　集
著作人　一般社団法人　日本建築学会

印刷所　三美印刷株式会社

発行所　一般社団法人　日本建築学会
　　　　108-8414 東京都港区芝5—26—20
　　　　電　話・(03) 3456—2051
　　　　Ｆ Ａ Ｘ・(03) 3456—2058
　　　　http://www.aij.or.jp/

発売所　丸善出版株式会社
　　　　101-0051 東京都千代田区神田神保町2-17
　　　　　　　　神田神保町ビル
　　　　電　話・(03) 3512—3256

Ⓒ 日本建築学会 2016

ISBN978-4-8189-0635-8 C3052